AF610457

QUÉ ES LA CONCIENCIA POÉTICA...

Ensayos sobre la
"Crítica Críticamente Crítica"
en el *Ser* Revolucionariamente Crítico

Yuri ZAMBRANO

Colección "Pensamiento Crítico"

"QUÉ ES LA CONCIENCIA POÉTICA"
Ensayos sobre la "Crítica Críticamente Crítica" en el *Ser* Revolucionariamente Crítico
Colección: PENSAMIENTO CRITICO

Primera Edición.

NBi

Adneural

(E-mail: neuronalself@gmail.com).

ADNeural

International Standard Book Name:
***ISBN* 978-1-365-03133-5**

PORTADA: ***Poetic Consciousness*** **abriendo las puertas de la percepción críticamente revolucionaria (NBI,** by YZ, 2006**).**

Printed in 3101 Hillsborough, Raleigh, NC.

Typeset in Arial 12 pts. .

EXORDIO

Resulta ser que para hacer crítica de la conciencia crítica, primero hay que hacer el ejercicio de la autocrítica. Este ensayo que parece tener la certidumbre de navegar entre los más altos valores axiológicos de la especie humana, hace que el lector en su primera evaluación, choque con sus reflejos más sensibles.

La estética es una forma de entender el movimiento del universo. Si consideramos que nuestro cerebro gira en torno de ese universo y no que el universo gire en torno de nosotros, como lo reza la historia de que ciertos planetas giran alrededor del sol, entonces tendremos una verdad con diferentes perspectivas y asumiremos una forma crítica y objetiva de ver al arte.

Cuando se escribe sobre crítica y estética, la hoja adquiere el arcoíris de la poesía y de la creatividad. El ejercicio de este texto presenta interesantes perspectivas desde los antiguos *Upanishad* orientales escritos hace más de 3000 años, pletóricos de conciencia estética y poética, hasta análisis de grandes críticos a través de la historia del arte o de la estética misma, como Kant, Walter Benjamin, NIetzche, ensayistas en estética como Ortega y Gasset, Jakobson, Croce, en semiótica como Umberto Eco y experimentadores surrealistas como Jean Cocteau o Bretón en busca de su musa y de la resolución autocrítica de sus fragilidades.

Igual se muestran los estados críticos del poeta y en un ejercicio de introspección e intersubjetividad. Se analizan las vidas en confinamiento extremo de icónicos escritores como Yannis Ritsos de Grecia en campos de concentración por gran parte de su vida. Se vive el sufrimiento del maestro Antonin Artaud en el hospital psiquiátrico de Rodez y se comparte la creatividad conciencial de la docta Juana de Asbaje en el convento de San Jerónimo, enfrentando sus escritos de insurgente y revolucionaria provocando la castrante institución católica en pleno siglo de oro y a una iglesia que no permitía la expresión de la voz femenina en los conventos viviendo el oscurantismo de las épocas de la colonia postconquista española en una América aun en transición del catolicismo inquisitorial.

En este paisaje de imágenes e ideas que invitan a la meditación y al análisis inmediato, navegamos entre los conceptos de cultura como modificador de ambientes y de sociedades donde el arte es una herramienta que, sabemos, propicia cambios culturales.

Por ello, podemos viajar tratando de escrutar como se construye una conciencia poética, o incluso una conciencia críticamente revolucionaria a partir de vivir el sacro momento de la creación artística.

El texto busca la funcionalidad del crítico pero más de la crítica, y analiza los puentes estéticos entre la ciencia y el arte con el apoyo de la neuroestética. Así florecen los estados críticos del ser poético, el ser artístico y el ser crítico como motores que son necesarios para dar un valor nuevo a esa necesidad intrínseca que tiene el arte y el *ser conciencial* para manifestar sus universos interiores en esa búsqueda constante del poeta y el artista desde tiempos védicos hasta ese posmodernismo experimental en una estética del tiempo que nos aprestamos a modificar desde nuestras propias revoluciones internas.

Yuri ZAMBRANO

CAPÍTULO UNO

HACIA UNA CONCIENCIA CRÍTICA

Lo que leerán a continuación se relaciona con el oficio del crítico comprometido. El objetivo del texto, es sumergirme en ejes de discusión que influyen en la creatividad artística y en la cultura crítica. Principalmente analizaré la forma en que el artista construye su propia esencia y finaliza explorando diversas sensibilidades que derivan en vertientes estéticas y disciplinas, generando un lenguaje propio y seguramente un cambio en la evolución del ser que es modificador de una cultura.

En este contexto discerniré sobre la estética del tiempo, la conciencia poética, la disyuntiva entre la autenticidad del arte y la tecnología, el libre arbitrio *re-creativo (sic)*, los fundamentos para estructurar un escrito crítico y los avatares de la neuroestética para comprender el cerebro conciencial del *ser artista,* entre otros temas que interesan a la crítica del arte como motor de transformación social.

Adentrarse en el lenguaje de la crítica constituye un proceso que requiere tácitamente de una elocuencia oral o escrita, y por supuesto, de una argumentación racional. La herramienta de la comunicación efectiva debe integrar un lenguaje claro y acorde entre un emisor y un receptor. Cuando un primer animal, llámese insecto, dinosaurio o mamífero tuvo que comunicarse con *el otro ser vivo*, lo hizo por medio de un lenguaje, un código entre sus comunidades, clanes o especies. Recordemos que el animal humano, es el único ser viviente con el poder articulador de la palabra y que esta cualidad, *úsese como se use*, es el fiel reflejo del culmen evolutivo y cerebral del ser vivo tras millones de años de transformación.

Este ser vivo por naturaleza genera cultura.

La cultura es inherente al comportamiento humano y a su evolución.

En términos de tradición y educación cultural, la transmisión de creencias tiene un peso específico en el imaginario colectivo. Un ejemplo *típico* proviene de tales tradiciones transgeneracionales que impactan una cultura y de la transmisión en sus símbolos y códigos. Tómese por hipotético caso, que un primer Adán tuviera que comunicarse con su dios, ¿en qué lenguaje lo haría? Escribe el maestro Umberto Eco "En Busca de la lengua perfecta" que ese dios hablaría con truenos y relámpagos. Pero los recursos de Adán, seguramente fueron más humanos, y si la biblia fuese congruente: su dios "idealmente omnipotente", aprendería el idioma gutural del Adán primitivo. ¿Cuál idioma? Antes de Babel, el hombre primitivo debió tener como los demás primates no humanos y otras subespecies, códigos de comunicación y a partir de ellos, generar una conciencia de quiénes somos respecto a los demás. Es decir, cómo interactuamos y con qué fin realizamos acciones críticas sobre nuestro pensar y el de terceras personas. En qué lenguaje lo hacemos...

Por ello, en una primera intención introspectiva, surgen los siguientes interrogantes ¿Cómo generar una conciencia crítica? Y mejor, cómo criticar con conciencia de crítico. Es decir, ¿se debe tener conciencia de crítico para criticar?

Criticar cada una de las manifestaciones del arte, puede tener muchas perspectivas de estudio. Algunas de las disciplinas más conocidas o exploradas por la sensibilidad humana, son ostensiblemente ligadas a las bellas artes, a su elocuencia y a aquellas expresiones que enaltecen el espíritu. El arte del trazo, por ejemplo sobre un espacio pictórico, incluye el continuo perfeccionamiento de técnicas como el grabado, la serigrafía, el diseño prospectivo y sus variaciones en xilografía, litografía o incluso con experimentos tecnológicos como la lasergrafía, y los también ligados a la arquitectura moderna y sus megaestructuras. Así se puede sentir la escultura, la danza e incluso toda música en el análisis estético de los instrumentos, las voces, los ritmos y hasta la tecnología que va de la mano con la evolución del arte (*vide infra*). El cine y sus nuevas derivaciones en video y otras artes visuales, son parte importante de este escrito y en general todas las anteriores vertientes artísticas son un blanco perfecto para el ojo crítico. Todas ellas constituyen la traducción de diversas formas de cultura, constantemente manifestadas a través de la historia.

No estamos lejanos de citar algunos movimientos donde el arte ha sido modificador, acelerador o identificador de culturas, incluso de procesos históricos trascendentales. Así, el enciclopedismo y la ilustración de D'alembert, Diderot, Voltaire o Rousseau integran las ideologías revolucionarios de finales del siglo XVIII y de todo el siglo XIX en Europa y América. El renacimiento, el romanticismo, el neoclasicismo y aún más cerca, el dadaísmo, los *beatnicks* e incluso el llamado posmodernismo, son expresiones que con sus manifiestos, identifican revoluciones culturales que hoy compartimos.

1.1 Los primeros pasos

El camino hacia la conciencia crítica, o de cómo generar conciencia crítica requiere de un oficio y de muy clara objetividad para establecer juicios, que invitan a un conocimiento más amplio de lo que se pretende analizar, seguramente en ideales constructivos que favorecen los cimientos hacia una cultura integrativa.

En este instante es preciso entonces definir el primer concepto de este apartado. ¿Qué se puede comprender por Conciencia Crítica?

Me parece que un tema central de ese texto, se basa en la búsqueda necesaria de un lenguaje estandarizado. Conciencia crítica, en una acepción reflexiva, engloba al ser produciendo conocimiento de sí mismo, es decir generando un compromiso con su espíritu, cumpliendo con un rol evolutivo y participativo dentro de una sociedad. Retomando el carácter semiótico del hombre primitivo, su lenguaje y comunicación entre un Adán simbólico y dios al inicio de este ensayo, volvemos a los apuntes firmados por Umberto Eco, donde el individuo pre-Babel, se regía por signos y creencias que identificaban una cultura y ostentaban una forma de conciencia colectiva. El concepto de conciencia enfocado hacia la crítica, resulta esencial al menos en términos epistémicos, y seguramente pudiese ser asociado con elementos de la cultura popular, donde el arte es capaz de generar un pensamiento crítico con un oficio de forma ordenada y metodológica.

Así pues la crítica de arte, tiene un oficio y un compromiso. Y he aquí uno de los puntos sustanciales de este abordaje: ¿Es crucial criticar el arte en todas sus manifestaciones para poder entender los cambios socio-culturales de nuestra raza humana? Acaso, es el arte, ¿una esencia que puede cambiar sociedades?

En los capítulos tres y cuatro, se discute más a fondo el concepto de conciencia crítica, orientado al hecho de que toda creación artística *per sé*, es un acto poético y abordaré el tema de la conciencia poética como esencia necesaria de evolución crítica del *ser artista,* aquel individuo que es generador de transformación cultural por medio del arte.

1.2 El plan de ataque: la emergencia del arte

Una de las primeras formas de entender el arte, es manipularlo desde sus entrañas.

Criticar la cultura del arte y de cómo se genera ese arte, es tarea del individuo que se preocupa por las cualidades axiológicas de aquella belleza que engrandece el espíritu. En sus análisis, Max Scheler ideó una escala piramidal, diagramando valores desde el epicúreo-hedonista y el vital, hasta el jurídico, intelectual y estético (véase Capítulo 3). Sentir placer de producir poesía en una pintura o en un movimiento dancístico, en una composición musical o en una escultura, es un milagro sublime. En este punto es muy importante abordar el espinoso tema "de la satisfacción en el artista, y por supuesto, de la insatisfacción del *ser artista*". Un problema existencial que es discutido en las próximas líneas para integrar la conciencia del ser artístico.

Tal *ser artístico* es un concepto para definir en esta aproximación crítica del arte, y la pregunta por demás obligatoria reside en ¿qué es el ser artístico?

La cultura del arte, en términos generales y desde mi punto de vista, es la apropiación de la naturaleza del ser para transformarla en belleza. Aquel que traduce lo natural en bello —y lo transforma— está dotado de esencia artística. La función primordial de toda arte, es la de generar cultura y transformarla sin cesar.

Explicar la emergencia de una conciencia crítica especialmente en el arte, o en el momento creativo del artista, está relacionado con el ser artístico que se vale de sus propios recursos para *autoconocerse* — y quizá en menor grado — para darse a conocer, coexistiendo inmarcesiblemente con cada una de las artes. En tal simbiosis el poeta se transmuta en imágenes, y una pintura puede proyectar estructuras arquitectónicas y esculpir música en forma *sinestésica* (véase Capítulo cinco). La música a su vez, nos revela colores y la danza es un auténtico banquete para los sentidos; mientras que las artes visuales, la fotografía o la cinematografía, son un plato fuerte para explicar el momento creativo y la conciencia artística.

La coexistencia de las bellas artes confluye notoriamente en el cine, donde una banda sonora e incluso las películas musicales típicas, pueden ser parte del mercado de seducción para el espectador. En mi *memoria-vuelo de pájaro,* aletean Paganini, Mozart, Woodstock, la estética *Pink Floyd* y hasta los *Doors* a lo *West Side Story* y semejantes. La pintura y la escultura no se quedan atrás con pintores como Caravaggio, Rembrandt, Picasso, Dalí (indirectamente por Buñuel), Pollock; además de los muchos intentos de emancipar las genialidades de un Da Vinci, etc: sin contar las que subliman una obra en particular, *e.g.*, "La Mujer con el Arete de Perla" como homenaje al holandés Jan Verмëër o incluso las producciones concretadas por Andy Warhol y Paul Morrisey en "Basura".[1] Existen largometrajes basados en las obras de Rodín y su Camille, dándole el tratamiento estético que brinda la investigación documental y el oficio por ofrecer al espectador un producto de calidad, quizá invocando los grandes trabajos florentinos de Bernini, Canova o el mismo Buonarotti; aproximado magistralmente y de forma semiótica por el célebre Pier Paolo, aquel Pasolini de imágenes y signos en la última de sus escenas *decameronicamente* argénticas.

Los cineastas pueden versar sobre el indispensable cine de autor. En el caso de la literatura, hay más de 70 películas inspiradas por Sartre, Cocteau, o el mismo García Márquez, Naguib Mahfouz, Varga Llosa o un Murakami[2]. Un film como "La Piel" de Curzio Malaparte y dirigido por Liliana Cavani, es muy rico en su esteticismo, concepción y transgresión a los sentidos en términos cinematográficos que podría requerir – a mi modo de ver – de un tratamiento crítico más

---

[1] Ver filmografía al final del texto.

[2] Además de *Tokio blues,* se han filmado otras producciones. El director mexicano Carlos Cuarón realizó un corto con bastante humor basado en una obra de Murakami: "El Segundo Ataque a la Panadería" (2010).

minucioso. La apoteosis de Fitzcarraldo de Werner Herzog por nombrar algunas, confirma que los sueños y el arte van de la mano recordando al gran Caruso en medio de la selva amazónica a principios del siglo XX. También hay documentales y videos que refieren ideas concretas, citas y eventos de literatura oriental, hechas por autores que emancipan su cultura con mitos y leyendas ancestrales védicas, indostanas, creencias del lejano oriente, samuráis o de tradiciones de sus pueblos.

Si la premisa es que entre las bellas artes se socorren para darse a conocer entre ellas mismas; entonces la danza no es ajena a la traducción del cineasta incitándonos al ritmo del tiovivo armónico del celuloide. Tal es el caso de “El Baile”, del italiano Ettore Scola, la segunda escenografía de Akiro Kurosawa en su película “Sueños” de una gran belleza estética, films hindúes o de danza árabe, así como en las tres ediciones *Gold diggers* de colosal despliegue *multicoreográfico* en los años 30’s, o los bailes de Maurice Bejart, un Gene Kelly o Fred Astaire con Ginger Rogers. Podría incluso – con el favor de la controversia – decirse que hay danza en una percusión siguiendo la cadencia de Tongolele o un mambo con Ninón Sevilla, hasta llegar a “Chicago”, pasando por los *cabarets* con Liza Minelli y “El show debe seguir” de Bob Fosse.

El baile en el séptimo arte tiene como fin viralizar una moda y convertirla en fenómeno memético, tal y como lo citarían Richard Dawkins y la especialista británica en neurociencias Sue Blackmore.[3]

Pero ¿y qué pasa con el proceso creativo del artista? ¿Acaso es criticable la manera de pensar del individuo durante la concepción de una obra de arte? De ser así, dónde queda la libertad del arte que tanto promulgaron teóricos como Honor Arundel, incluso considerando que el arte es producido por la simple diversión de quien lo produce. Aunque el arte por el arte, en las facetas más íntimas de libre albedrío tiende a contemplarse, es lógico que esta idea solo pueda modificarse y apreciarse por una conciencia objetiva, es decir por el juicio autocrítico del ser contemplativo. El ser críticamente artístico se

[3] R. Dawkins, con su obra "El Gen Egoísta" en la década de los 80's se adelanta temerariamente a lo que hoy vivimos en uno de los azotes más comunes de la tecnología: "la memética". Después vendrían otras voces a corroborar lo planteado, como las de Daniel Dennett y Susan Blackmore (Blackmore, 1999). El copia y pega (el enfermizo compartir) de las redes sociales, que lejos de educar, solo es parte de la gran evidencia que inevitablemente y poco a poco, conduce a las sociedades venideras inevitablemente hacia un *cyberghetto* camuflado, como preámbulo a mutaciones sociales ineludibles (Zambrano, 2015a).

autoevalúa al generar arte, conocimiento y cultura más allá de la simple contemplación.

En los próximos apartados describiré varias aproximaciones hacia una conciencia crítica del arte y la cultura del arte, que están relacionadas con la neuroestetica (Zeki, 1997, 2001; Ramachandran, 1999), con la evolución social y con todas las instancias donde el "ser creativo" es pretexto inexcusable de nuestra propia esencia y de su incuestionable modificación.

CAPÍTULO DOS

CRITICANDO A QUIEN CRITICA LA CRÍTICA: O, *DE CÓMO EXHUMAR A BRUNO BAUER*[4]

En "Crítica de la razón pura", Immanuel Kant eleva a la razón como la más sublime de las cualidades. Refiere que la esencia de la *Lógica trascendental* se apoya en el arte de pensar, y a manera de doctrina en la primera parte de su escrito, aproximó con *claridad intuitiva* una

---

[4] Este apartado originalmente pudo haberse titulado como "Crítica de la crítica crítica" retomando el título homónimo de Marx y Engels *(Die heilige Familie oder Kritik der Kritischen Kritic, 1844)*. Bruno Bauer fue alumno directo de Hegel, empecinado crítico de Kant y maestro de Karl Marx hasta su ruptura ideológica y publicación de este texto contestatario. También interactuó académicamente con un joven Nietzche unas décadas más tarde, en sus primeras "Consideraciones intempestivas", criticando al teólogo David Strauss. El título de "La Sagrada Familia" fue sugerido por un editor de Frankfurt para enfrentar a "los jóvenes hegelianos" y a Bauer en sus escritos teológicos y sobre la cuestión judía (*Die judenfrage*). En el capítulo VI, Marx y Engels se refieren en tres fases a sus "Campañas de la crítica absoluta" además discuten sobre "el ciclo especulativo de la crítica absoluta y la filosofía de la conciencia de sí"; y en subsiguientes capítulos describen los principios de la *masa crítica*. Marx K, Engels F; *La sagrada familia o Crítica de la Crítica Crítica contra Bruno Bauer y Consortes.* Prólogo de Franz Mehring. Editorial Claridad, 1971. Buenos Aires.

categoría estética a la que llamó *Estética Trascendental*.

En las intuiciones empíricas está el meollo del asunto según Kant, las cuales están asociadas con la sensibilidad que tenemos hacia los objetos y el efecto que nos producen tales sensaciones.

> *"El efecto de un objeto sobre la capacidad representativa, en la medida en que somos afectados por él, es sensación. Aquella intuición que se refiere al objeto por medio de sensación se llama empírica. El objeto indeterminado de una intuición empírica, se llama fenómeno".*[5]

En el hilo de la estética trascendental, las intuiciones del espíritu son tan puras que sugieren ser bellas y sublimes. Al generar una creatividad crítica, se produce una objetividad crítica (léase intuición crítica) y con la trascendentalidad del espíritu, incluso independientemente de su espacio-intemporalidad – razona Kant –se puede integrar una traducción fenomenológica de las percepciones, donde lo sublime es un culmen que corona la belleza (Kant, 2004).

---

[5] Kant I. Crítica de la Razón pura. 1ª edición Colihue clásica. Buenos Aires, Argentina, 2007, p., 88.

> *"Para que una impresión ocurra en nosotros con fuerza apropiada, debemos tener un sentimiento de lo sublime; para disfrutar bien la segunda, es preciso el sentimiento de lo bello".*[6]

En su tercera crítica titulada "Crítica del juicio" (1790), el filósofo de Könisberg muestra realmente las fauces de su estética trascendental. Allí un Kant más afianzado en su pensar, discute sobre teleología y la belleza de las cosas formulando con precisión, disquisiciones de carácter socialmente más amplio sobre lo bello y lo sublime. Estas cualidades están asociadas al sentimiento (más que a las sensaciones) y ostentan propiedades en la naturaleza humana, exhibiendo diversas facetas para lo sublime, incluso antagónicos algunas veces.

> *"La inteligencia es sublime, el ingenio bello… las cualidades sublimes infunden respeto; las bellas amor."* [7]

Este antagonismo quizá contradicción, se acentúa cuando el mismo Kant muestra un

---

[6] Kant I. *Lo bello y lo sublime.* Editorial Tomo, México, 2004, p., 17.
[7] *Ibíd.* p., 19.

desconocimiento craso frente a la evolución y la raza humana, refiriéndose al tema de la identidad nacional en la cuarta parte de su libro. Allí compara poblaciones alrededor del mundo (criticando a los hindúes como antiestéticos en sus creencias o a los árabes en sus manifestaciones), exhibiendo una ingenuidad "casi sublime". Dando el beneficio de la duda a un Kant europeo de finales del siglo XVIII y a la ignorancia histórica de su época, transcribo la frase:

> *" Los negros de África carecen por naturaleza de esa sensibilidad que se eleva por arriba de lo insignificante. "* [8]

Inmediatamente después menciona a *Herr* Hume[9], quien desafía a que se le presente un *negro* que tenga talento y descaradamente, justifica que pese a que cientos de millares de *negros* que potencialmente han alcanzado la libertad, ninguno de ellos ha concebido algo hermoso o notable en el arte, la ciencia u otra

---

[8] *Ibíd.* p., 66.

[9] Probablemente pudiera referirse al filósofo escocés David Hume (su contemporáneo nacido en 1711). El original en alemán se lee: *Herr Hume fordert jedermann auf, ein einziges Beispiel anzuführen... (El señor Hume, invita a cualquier persona a que le dé un ejemplo dirigido a...)* Kant, I, GSE 02, 253-1 *Beobachtungen über das Gefühl des Schönen und Erhabenen* - (Kant, I. Observaciones sobre el sentimiento de lo bello y lo sublime, *Op. Cit.* p., 66).

ocupación honorable, mientras que los blancos incluso alcanzan distinguida reputación (Kant, 2004). Esta aserción tergiversada del maese Kant pone en evidencia, su postura en la historia. Si no lo tacho de ignorante (a expensas de que su escrito fue redactado post-enciclopedismo y cita mínimo a otro hombre blanco como referencia: "el señor Hume"), entonces el que quiera y tenga conciencia de clase, puede expresarse llamando al señor Immanuel como "falto de tacto", *barbaján*, colonialista innato (¿acaso un carácter transmitido epigenéticamente?), en síntesis un racista y clasista, tristemente camuflado por sus mismos lectores.

El anterior ejercicio, citando a una autoridad históricamente respetable y connotada en el arte de criticar, únicamente es parte de la funcionalidad de un escrito crítico y sirve para introducir los siguientes puntos sobre lo que en estos casos, pudiese *funcionar,* tratando de comprender a quien crítica.

Karl Popper, ideólogo creador del "racionalismo crítico", parece tener un abordaje relativo respecto a estas contradicciones Kantianas confrontando a *Herr* Hume, quizá en una esfera más holística. En ellas, apoya de alguna manera la supremacía racional sobre aquella capacidad de juzgar evidenciando una posición dialéctica respecto al arte creativo (experiencia crítica) y también concibe a la ciencia como el medio que finalmente evita contradicciones o *antinomias,* recurriendo al empirismo científico.

> *" Kant, en su Crítica de la razón pura afirmó, bajo la influencia de Hume, que la especulación o la razón pura, siempre que se aventura dentro de una esfera en que no puede ser verificada por la experiencia, suele caer en contradicciones o «antinomias», produciendo aquello que calificó, de forma nada ambigua, de «meras fantasías», «sinsentidos», «ilusiones», «dogmatismos estériles» y «pretensiones superficiales de conocerlo todo.»"* [10]

Para José Ortega y Gasset, lo anterior puede reflejar deshumanización, pero indica que el arte puede ser salvable si se concentran todas las baterías de la crítica, en *ese arte que va más allá de lo estético* y se sitúa en un plan sobre el escrito crítico y la creatividad crítica y objetiva, para que ésta sea funcional.

---

[10] En Popper, K. *La Sociedad abierta y sus enemigos*, Paidos, Argentina, 2006. p., 255.

2.1 De la funcionalidad crítica

El ya clásico análisis de Roman Jakobson titulado "Lingüística y poética" propone que la crítica debe tener un objetivo funcional, retomando el carácter de utilidad en un contexto cultural. Es decir, lo que funciona, puede resultarnos útil para la evolución de nuestro pensamiento crítico. Así que la pregunta recurrente pero obvia y tema ineludible de este ensayo es: ¿Cuándo podría considerarse a un escrito, como ensayo crítico?

Lejos de pretender estandarizar un paradigma canónico, pero si en el afán de concertar una idea objetiva, la obra de Jakobson publicada originalmente en 1958, puede *funcionar* como aproximación válida en este contexto (Jakobson, 1981). Para que un escrito alcance el rigor estético de la crítica funcional debe cumplir con:

> Función referencial o la mediación de matices que relacionan un contexto. Es decir, el ensamble armónico de teorías que sirven a una obra crítica útil, incluso reciclable como concepto netamente funcional.
>
> Función metalingüística: aquí el texto crítico implementa códigos que van más

allá del lenguaje (caso Umberto Eco, citado al inicio de este texto). Sus líneas muestran su propia *essentiae poética* y operan más allá de la tradición de la palabra (función metaoperativa *supralingüística* de Dufrenne[11]) haciendo propio un lenguaje artístico que incluye al lector y le familiariza progresivamente incluso en el ámbito de la función referencial.

Función apelativa: la intencionalidad de un texto crítico es ser persuasivo por naturaleza, indagando, argumentando y constatando lo que se escribe. De esa manera, se milita en la motivación ensayística que en ocasiones (al intentar la persuasión) adquiere tintes emocionales. Baudelaire, podía hablar de una militancia en la función expresiva de la crítica no neutral y negando cualidades objetivas, como luego lo hiciesen Emile Zola, el mismo Sartre o muchos otros (Jakobson, 1981, De la Calle, 1995). El regiomontano Alfonso Reyes, en su *expresión literaria,* refiere dos aspectos esenciales de la crítica, uno orientado hacia la creación de un objeto de análisis y el otro, sobre el proceso reflexivo y sus secuelas, donde

[11] véase "Arte y lenguaje", Ediciones Teorema, Valencia, 1979.

el escritor debe recurrir a sus estímulos literarios para concretar ideas persuasivas (Reyes, 1986).

Es allí, indudablemente en el campo de la *seducción escritoril* y de forma apelativa, donde el crítico reemplaza su imparcialidad por la intencionalidad, a veces bajo el escudo retórico de un pensamiento crítico no objetivo. En este álgido punto, la relación crítico-lector se polemiza, interpreta, evalúa y se toman posiciones respecto al recurso sugestivo del crítico, mientras su metalenguaje artístico se ve absolutamente fundamentado en su función referencial.

4) Función Expresiva: Incluye el hecho de comparar, cuestionar, citar con estilo propio, incluso responder satírica, cínica u objetivamente a tales interrogantes, son facultades de esta función. El texto critico puede danzar en algo recreativo-didáctico (Eco), personal (Sarduy, Lezama Lima, Whitman), Iconoclasta (Cioran, Nietzche), tener un compromiso militante (Sartre, Merleau-Ponty, Engels, Croce), pragmático (James), propositivo (Derrida, Ortega y Gasset), quizá referencial (Marjorie Perloff citando a los poetas objetivistas) o con originales solaces estéticos (Wilde, T.S. Elliot, Cardoza y Aragón), incluso pecar de

innovadores o metalingüísticos (Deleuze-Guattari con el rizoma fractal de las ideas, o Wittgenstein enunciando el sinsentido de las cosas y la concordancia figurativa[12]) como algo esencial del ser creador.

5. Función poética: En Jakobson (y también en otros autores *–vide infra–*), este es el punto climático y esencial del texto artístico. El autor crea su mundo propio mientras critica lo criticable y lo convierte en poesía. La función poética corona las estratagemas de la funcionalidad genuina e integral de su espacio referencial y apelativo, abriendo paso a nuevas alternativas expresivas y metalingüísticas como el de la "crítica creativa" pero también con alta intencionalidad persuasiva en la co-existencia de otras artes (Cocteau en el cine, Chopin en el piano, Kandinsky en sus abstracciones, Giambologna como gran *Coloso*, invitando a Hércules a decapitar al centauro de Neso o recreando *El rapto de las sabinas,* o incluso un Fidias trascendiendo en el tiempo).

---

[12] En Wittgenstein L. *Philosophische Grammatik*. Ed. Rush Rhees. Frankfurt am Mein, 1969.

Un poeta como François Villon puede ser ominoso, autocrítico e iconoclasta al mofarse de su condena al cadalso. Su memorable cuarteta heterométrica es quizá una oda transgeneracional del arte medieval, aplicada a un *pseudorecurso* romántico moderno, sugiriendo que *en el dejar de existir* (o en el privarse la vida intencionalmente —líricamente hablando—), el poeta trasciende en la sátira, siendo un reflejo inverso de la abstracción del poderío creativo de un ser; en este caso, ejemplificando la horca como sacrificio[13].

«Je suis François, dont il me poise
Né de Paris emprès Pontoise
Et de la corde d'une toise
Saura mon col que mon cul pois»[14]

En este rubro en el que todo acto crítico busca ser arte, ejemplificaré a un Oscar Wilde más *ad hoc* con "El crítico como artista", donde describe dos personajes antagónicos hablando en una biblioteca de Picadilly. Un *Ernest* camufla al Wilde como el artista que todos conocemos (plano subjetivo) y dialoga como si fuese mayéutica socrática con su amigo

[13] Algunos escritores al quitarse la vida deliberadamente, prefieren el recurso *estético-poético* de la horca.

[14] Yo soy François, aunque me joda //nacido de París rumbo a Pontoise // y de la soga (pendida) a una *toesa*//sabrá mi cuello, que mi culo pesa. (T del A). Una *toesa* — en la Francia pre-revolucionaria— podía medir cerca de los dos metros de longitud.

Gilbert, el intérprete que refleja el plano objetivo del crítico (Wilde, 1946) aproximando el tema de un espíritu crítico y transformador.

> *Gilbert: "... Sin el espíritu crítico no existe ninguna creación artística... ese espíritu de elección no es otra cosa que la facultad crítica (...) Porque es la facultad crítica quien inventa formas nuevas. La creación tiende a repetirse. Al instinto crítico se debe toda nueva escuela que surge ..."* [15]

Y son los predicamentos objetivos de aquel intérprete heterocrítico concebido por Wilde, los que integran juiciosas aseveraciones sobre creatividad crítica.

> *Gilbert: "¡Pero si la crítica es también un arte! Y de igual modo que la creación artística implica el funcionamiento de la facultad crítica... así también la crítica es verdaderamente creadora en el más elevado sentido de la palabra. (...) Yo definiría realmente la crítica*

[15] La traducción al español fue cedida por Aguilar Ediciones para la colección dirigida por Jorge Luis Borges con la colaboración de María Kodama. Wilde O, *Ensayos y Artículos.* Biblioteca Personal "JLB". Hyspamérica ediciones, Biblioteca Personal "JLB", Barcelona, 1986. p., 32-34. Tr. Julio Gómez de la Serna.

diciendo que es una creación dentro de otra creación…

Ernest: Entonces, ¿la crítica más elevada es más creadora que la creación, y el fin principal del crítico del crítico es ver el objeto tal como "no es" en realidad? Es esta su teoría, ¿verdad?

Gilbert: Sí. La obra de arte sirve al crítico simplemente para sugerirle una obra nueva…" [16]

El diálogo previo muestra que la creatividad es una herramienta mutua para el arte y para la crítica. Allí la funcionalidad promulgada por Jakobson integra la referencialidad y Wilde maximiza la persuasión mediante el metalenguaje creativo explorando otras opciones funcionales dentro de la crítica, incluso más racionales.

2.2 La función racional de la crítica

Veamos el curso del pensamiento que nos llevaría a disquisiciones mayores. Como diría el "Retrato de Ángela Gambitzi" —evocando a quienes han conocido gavieros —*sin temor a equivocaciones se puede afirmar*, que el arte de pensar, pero también el de expresar lo que

---

[16] *Ibíd.* pp., 43-45 y 50.

se piensa, está basado en la coherencia del raciocinio y de su creatividad. De esta manera, y siguiendo la huella de tan obvia coherencia, podemos inferir que tal arte de pensar, por antonomasia, es una actividad crítica. Es más, si lo expresamos en la oralidad y mejor aún en la escritura, esta función ya es doblemente crítica.

En escribir con conciencia, podría jugarse con premisas tales que llamarían a una re-lectura de las próximas líneas: Claro, cómo todos tenemos conciencia, todos sabemos qué es conciencia. Sin embargo en la escritura, esta inferencia —que raya la sátira flemática de una crítica filosófica *posmo*— puede parafrasearse si se enuncia: ¡*Claro, cómo todos sabemos escribir-criticar, todos criticamos lo que escribimos*!!

Pero ¡No!

Escribir es una función cerebral superior y criticar (o ensayar críticar) tiene cualidades que integran un alto orden conciencial (Zambrano, 2012). Por tanto, escribir crítica es una actividad operacional compleja —y sin ser iconoclastas ni parodiar a Piaget—, la considero una tarea prospectiva que incluso antes de plasmarse puede llevar a la introspección, a la subjetividad del propio pensamiento y al análisis de la intersubjetividad intuitiva cuando pensamos en el lector, como obvio receptor de lo que se redacta.

La crítica nace del interior del ser racional para calificar en primera instancia, lo que se observa, lo que se analiza y lo que se cree que puede ser una verdad o una creencia falsa, y así emitir un juicio. Cuando el individuo es capaz de conocerse a sí mismo y discernir sobre un tema con conocimiento infundado de su propio comportamiento o de sus reacciones incluso emocionales, tiene ya una 'capacidad autocrítica'. Pero también el ser racional brinda la opción dialéctica de criticar lo que observa en su entorno y eso puede comprenderse como heterocrítica' o habilidad cognitiva para criticar al *observado*.

Vale la pena en este renglón dejar claro que la *crítica de la crítica crítica*, debe ser objetivamente, más racional que emocional (*vide infra*), puesto que criticar o criticarnos a nosotros mismos y después a nuestro entorno, es tarea del ser en su concepción más esencial.[17]

---

[17] De hecho pensar en la "crítica de la crítica crítica", aquella que critica *desde una autocrítica a una heterocrítica*, nos deja claro que criticar, o criticarnos a nosotros mismos es oficio del ser en su esencia más ontológica, pero también en su juicio más introspectivo (véase Capítulo siete).

En términos objetivos, criticar nuestra esencia es un principio de ancestral conocimiento. En la praxis, lo anterior nos conduce al famoso apotegma "conócete a ti mismo" comúnmente atribuido a sabios *Tales (sic)* como los de la Grecia contemporánea de Xenofanes, o a filósofos de la talla de Heráclito. Esta frase, por demás coloquial, se hizo con el tiempo muy familiar de generación en generación, apareciendo posteriormente como *aforismo platónico*[18], aunque hoy se incruste en la cultura de un refranero popular escuchándose como oración casi memética a la salida de un metro, leyéndose en los diseminados libros de autoayuda o en vitrinas y calcomanías de centros comerciales y hasta en películas futuristas.

Severo Sarduy, el notable ensayista cubano y alumno de Roland Barthes, en su "Cristo de la Rue Jacob" nos habla de arte y estética barroca, pero también critica racionalmente su propia conciencia en el primer capitulado del libro, como si fuese un

---

[18] Del griego γνῶθι σεαυτόν (*gnóthi seautón),* aparece iterativamente en "Carmides o de la Templanza" y en otros diálogos clásicos de Platón, especialmente entre Critias y Sócrates refiriéndose a "la ciencia del sí mismo". En su obra: "Descripción de Grecia" en ocho volúmenes, el geógrafo griego Pausanías enuncia en sus periplos la existencia de esta inscripción en el templo de Apolo, en las faldas del legendario Parnaso Helénico existente en la mitológica población de Delfos.

archivo intradérmico y sensual, siguiendo títulos de clara influencia francesa[19] en una búsqueda quizá desesperada de su ser con conciencia crítica.

Es por ello, que ahora es ineludible hacer énfasis y enfocar las siguientes líneas hacia una conciencia crítica. En otras palabras, el arte de criticar debe semejar una acción poética, un himno de sublime belleza donde la *crítica de la crítica crítica* se vuelva oficio y que ascienda como escuela, como un *ars nascendi* donde quien critique, asuma las responsabilidades de sus dones como "ser crítico", manteniendo su compromiso racional en el oficio de criticar, *bellamente* hablando.

---

[19] El capítulo se llama "Arqueología de la piel", posiblemente influenciado por Paul Valéry, o quizá siguiendo el título de Foucault, *Arqueología del Saber*. El texto fue escrito en tiempos de interacción con Roland Barthes y otros polémicos pensadores galos de esa generación.

CAPÍTULO TRES

CRITICA DE LA CONCIENCIA CRÍTICA Y CONCIENCIA POÉTICA

Los dos capítulos anteriores han aproximado el papel de la conciencia crítica en un entorno cultural con fines didácticos. Incluso el ya citado Jakobson (*vide supra*) menciona la funcionalidad crítica, caracterizando al texto artístico mediante la dominancia de la *función poética* basado en la coexistencia de las artes (De la Calle, 1995). Así pues, asumo como 'arte', a aquella sublimación de la creatividad que sustenta un peso axiológico[20] intrínsecamente estético y quizá hedónico.

Mi razonamiento personal sobre el concepto de 'conciencia crítica', lo sintetizo en aquella traducción racional e introspectiva del ser artístico como ente "hedonistamente creativo", con respecto a su entorno axiológico y a su manera de emitir objetivamente un juicio.

---

[20] Los valores axiológicos son parte de nuestra conciencia y pueden ser implementados en redes neuronales. Así existen funciones de alto orden conciencial como el misticismo espiritual y el hedonismo, asociadas a la neuroética, neuroeconomía y neuroestética. Estas *proyecciones concienciales* dependen de una localización cortical cerebral integrando la cognición moral y la toma de decisiones neurales que son estudiadas por la neuroepistemología (Zambrano, 2012, p., 401 y ss., y 2014, p., 82).

Refiérome por juicio 'eminentemente crítico' a aquella cualidad epistémica que confiere valores de verdad sobre un hecho o acción, una convicción o un procedimiento cuyos efectos produzcan una necesidad apreciativa. En este caso el juicio crítico debe estar relacionado con el misticismo del artista, el generador incluso de tal crítica y con el sacro momento de la creación artística. De allí derivan los procesos de la autocrítica (*vide supra*) y donde nace la proyección heterocrítica o el arte de criticar a la *crítica crítica*, es decir: la crítica objetiva fluida y conciencial.

La conciencia poética es un término meramente estético que *de facto,* enaltece profundamente el arte. Vislumbrar el momento de la creación artística como bello o sublime, es un objetivo a trabajar arduamente, incluso en el concepto estético de la belleza (en toda la extensión de la palabra), y más, en su placer interno y espiritual.

En el terreno del juicio y la congruencia de una verdad creativa, discutiré el término conciencia poética y enfilaré todas sus acepciones hacia el arte crítico, el ser artístico y el *momentum* de la creación artística.[21] Ese instante sacrosanto y místico en que el poeta entra en contacto con la musa besando y

---

[21] véase Capítulo 5 sobre "La estética del tiempo".

acariciando aquella legendaria y metafísica *diosa blanca* de Robert Graves; aquel segundo dionisiaco en que el dramaturgo concibe el clímax de una obra, o cuando el director plasma sus imágenes mentales en una cinematografía sublime; y el pintor en su ensimismamiento, deja que su pincel y sus visionarios pensamientos adornen una superficie vacía siguiendo el ritmo de su ingenio y creatividad. Es poético el brío de quien ama la danza y realiza actos concienciales con su cuerpo-mariposa en movimiento; e igualmente poética es la forma como una bailarina recurre a los tiempos y los ritmos mientras sigue los acordes musicales de 'El lago de los cisnes', con *Odette* y *Odile* acoplándose a los demás danzarines, exaltando el tiempo en un armónico escenario adornado por la cadencia de su amor al arte. Poético es el escultor acariciando su material, puliendo los talles y bordes de su obra y también el arquitecto concibiendo su *ars in situ* antes de una colosal construcción, como bello es el músico imaginando un *allegro*, enamorando un instrumento en el *tempo* de su oído conciencial, aquel sonido que procesa el cerebro produciéndole alegrías, sentimientos y emociones acaso encontradas en su inconsciente.

Icónicos autores llueven ahorita en mi cabeza esgrimiendo como blasón heráldico su conciencia poética. Revivamos por segundos el canto-arcoíris de Nezahualcoyotl, las odas amorosas de Safo, los rapsodas Homéricos. Invoquemos a Tagore, Shakespeare o Li Pó. Despertemos a un Yeats, a un Lord Byron, a un John Milton perdido en sus paraísos, a un Petrarca, a un Dante infernalmente *abeatrizado*. Después, y debido a que la lista es larga, centrémonos en la locura necesaria de Artaud, en la jaculatoria subversiva de Sor Juana, en la efervescencia beligerante de Yannis Ritsos, para acercarnos a la decantación emblemática del oficio conciencial del escritor comprometido, incluso en extremo aislamiento.

3.1 Tres conciencias en reclusión o enclaustramiento: "poética de los estados críticos"

Sor Juana en tiempos álgidos y castrantes de una peculiar inquisición virreinal, en plena resistencia a las dolorosas conquistas subsecuentes al otrora siglo XVI ¡Se salió con la suya! Le escribió poemas eróticos a una mujer y, tan amorosos como provocadores, fueron a parar a los arcanos emocionales de la condesa de Paredes[22]. No contenta con ello,

[22] Bautizada como María Luisa Manrique de Lara y Gonzaga, fue mecenas de Juana de Asbaje. El condado de Paredes se emparentó con la casa Aveiro, conocida por su erudición y

los leyó en voz alta y luego para sublevar más las conciencias de su tiempo, fueron publicados y además, fueron celebrados y re-editados por la crítica exigente de su generación. En ese sentido era profanamente *subversísima*. Además se dio el lujo de rechazar en su rigor castrante los ataques de su confesor, el padre jesuita Núñez de Miranda y escribía en ocasiones composiciones obscenas como cualquier Pietro de Aretino (recordemos que este monje era italiano, nunca vivió los horrores de la colonización europea, y sor Juana vivía en el siglo XVII). Con su amigo Carlos de Sigüenza y Góngora, intercambiaba poesía y ella a su vez, recibía los favores del conocimiento otorgados por el erudito Sigüenza (Alatorre, 2007).

Basado en los estudios del filólogo e historiador Antonio Alatorre[23] y de otros *Sorjuanistas*, se infiere que la estética de

---

doctas colecciones de libros. (Alatorre, 2007; Calvo y Colombi, 2015, p., 48)

[23] En "Sor Juana a través de los siglos" el autor refuta explícitamente y con argumentos contundentes a otros "expertos en el tema" incluidos Octavio Paz, Elías Trabulce (en el *affaire* sor Serafina), Méndez Plancarte en su lírica personal; o manteniendo ideas con José Gaos, Ramón Xirau, sobre el genio y figura de la docta escritora que ha ocasionado prolijos análisis sobre sus escritos. Así mismo, Alatorre, junto con Pascual Buxó, es un reconocido intérprete del barroco en las obras de sor Juana y en otros autores del llamado siglo de oro. (Alatorre A, El Colegio Nacional, UNAM, México, 2007).

Juana de Asbaje estaba fuertemente influenciada por el cordobés Luis de Góngora y Argote, pues además contaba con un sobresaliente arsenal de recursos barrocos que enriquecían sus escritos (Buxó, 2006), y que a mi parecer, verbalmente nunca dejó de innovar. Al contrario, siempre los perfeccionó en aras de una creatividad autocrítica, ennobleciendo una transmutación constante en su conciencia poética.

Aunque gran producción literaria de sor Juana era redactada por encargo (villancicos, odas, enigmas, romances, algunas comedias, autos sacramentales etc); en algunos de sus escritos profiere claramente que ella no busca religiosidad, ni esoterismo, pero sí expone una conciencia poética revolucionaria. En su carta fechada en 1691, "Respuesta a Sor Filotea de la Cruz" (personaje creado por el obispo de Puebla, Manuel Fernández) se aprecia una visión objetiva de mujer sentiente y racional que responde críticamente a su quehacer comprometido con una poética que va más allá de lo teológico (Pérez Blanco, 2003). Y pese a que en estos días la siguiente cita puede juzgarse como una violación a las políticas de privacidad, me permito sustentar esta precisión: ¡Juana de Asbaje no tenía vocación religiosa, ni de ser monja de clausura!

" Sabe también' su Majestad que no consiguiendo esto, he intentado sepultar con mi nombre mi entendimiento, y sacrificárselo sólo a quien me lo dio; y que no otro motivo me entró en religión, no obstante que el desembarazo y quietud que pedía mi estudiosa intención eran repugnantes los ejercicios y compañía de una comunidad ..." [24]

Y coherentemente, unos renglones más abajo, reafirma:

" Entréme [de] religiosa, porque aunque conocía que tenía el estado cosas (de las accesorias hablo, no de las formales), muchas repugnantes a mi genio, con todo, para la total negación que tenía al matrimonio, era lo menos desproporcionado y lo más decente que podía elegir en materia de la seguridad que deseaba mi salvación..." [25]

En "El Primero Sueño" (1692) se advierte una necesidad imperiosa por la

---

[24] Juana Inés de la Cruz, Obras completas, Respuesta a Sor Filotea de la Cruz. FCE, México, 1995. p., 694-97.
[25] *Ibid.* p., 696.

búsqueda innata de la sabiduría y la exploración sin límites de sus sensibilidades más internas, a expensas de un barroco rítmico y fluido. Nótese en esta otra cita su clamor sugestivo, su sed casi inalcanzable por experimentar la vanguardia y un tejer poético tan hermoso como complejo de leer,

> *" El sueño todo, en fin, lo poseía: todo.*
> *En fin, el silencio lo ocupaba.*
> *Aun el ladrón dormía:*
> *aun el amante no se desvelaba: el conticinio casi ya pasando iba y la sombra dimidiaba… "*

En este extenso poema, los símbolos emergen como sol nocturno. Allí renace la semiótica del peso de la noche, igual a un silencio profundo hecho dios (Harpócrates), aguardando el llamado discreto de Nictímene (ella misma como una lechuza en sus oblaciones de noche oscura y sin luna), invocando los cuatro elementos de la naturaleza o describiendo visionariamente las *fases del sueño* – en cronobiología moderna—, como si esperase las dádivas de un sueño reparador.

> *" Y del cerebro ya desocupado*
> *los fantasmas huyeron*

y como de vapor leve formado
en fácil humo, en viento convertida,
su forma resolvieron. "

Y con un dominio interesante del lenguaje, insisto: ¡Se salió con la suya! Hizo lo que quiso, hasta estudió latín y según su biógrafo y confidente Diego Calleja en sus "Aprobaciones", tenía en su celda artilugios para entender las estrellas y una biblioteca para algunos, calculada en cuatro mil volúmenes, emulando las colecciones de la duquesa de Aveiro (prima de la condesa de Paredes) o quizá simulando archivos pictóricos como los plasmados por el mismísimo Panini.[26] Así, en estas cortas líneas, se puede concebir el alcance conciencial del ser críticamente creativo. Con una herencia literaria que ha inspirado prolijos análisis por destacados ensayistas, Juana de Asbaje murió muy joven, viviendo apenas media centuria antes de terminar el siglo XVII, a causa de una epidemia y autoflagelándose como si quisiese expiar sus culpas por tanto atrevimiento al externar sus convicciones más internas.

---

[26] El óleo sobre tela, "La biblioteca privada del cardenal Silvio Valenti Gonzaga" data, según los anales del *Wadsworth Atheneum* en Connecticut, desde 1749. Valenti era un apasionado coleccionista, secretario de estado durante el papado de Benedicto XIV. Gracias a su gestión, se debe la constitución de la pinacoteca capitolina. Sus arcas privadas contenían más de 800 pinturas del más excelso arte sacro.

Casos similares y un poco más contemporáneos relacionan a un desquiciado y poéticamente sensible Antonin Artaud y a un utópico irredento como el griego Yannis Ritsos. En el primer caso, el poeta y dramaturgo francés puede describir las huestes de Heliogábalo en sus piezas teatrales, como también enaltecer su pensamiento en una poética sublime, expresando las fragilidades humanas más precarias en sus cartas de Rodez, escribiéndole a Paule Thévenin pidiendo a gritos dosis de morfina o cuestionando las habilidades terapéuticas de su psiquiatra.

Sin embargo la conciencia poética de Artaud no termina en cuatro paredes blancas de Rodez[27], ni en las sesiones de electrochoques infligidas por su querido doctor Gastón Ferdière (Zambrano, 2014b). El maese Antonin cruzó el Atlántico en 1936, y no solo se lo atravesó en los vaporosos buques de aquella época sino que llego a tierras mexicanas y más aún, se adentró en la sierra Tarahumara con un fin personal muy decidido: conocer la cosmovisión allí existente por medio de la experimentación en el ritual sagrado y ancestral del peyote. Allí depositó la intensidad

---

[27] Artaud, A. *Nouveaux Ecrits de Rodez*. "El rito del peyote entre los Tarahumaras. Carta al Dr. Ferdière". Gallimard, 1977. p., 157.

de muchos de sus alucinantes días, con sus respectivas noches.

Para este angustiado escritor el problema radical era experimentar con la esencia de la conciencia, la subjetividad del artista atormentado y el dolor en los límites de un humanismo creativo. En Rodez, pudo alcanzar los rasgos de locura que hacen integral al genio del creador artista. En aquel limbo, una adicción a la morfina ocasionó sus *Cartas de Rodez* y uno de las más descarnadas recopilaciones del *ser* humano en sus esferas más sensibles.

Cuando Artaud llegó a la Sierra madre al norte de México, pudo discernir el sentimiento de la madre tierra de las connotaciones religiosas, independientemente de que en su camino se le cruzara cualquier Teonanácatl, la Ololiuhqui o el mismísimo cactus redondo que ilumina aquellas cosmovisiones. En su descriptivo título "Los Tarahumaras" habla de un mundo lleno de sincretismos como el *"Tutuguri"*, un tipo de primitivismo artístico y naturalista muy cercano al imaginario mágico del artista (Artaud, 1972). Para Artaud, todo esto podría significar el renacimiento de sus interrogantes tratando de entender los avatares de la madre tierra en dominios donde el alma indígena, comulga ancestralmente con la conciencia divina e incluso con una "danza del peyote", como un elemento de obligada ratificación en la constante exploración de sus dolores más internos.

Un provocador Antonin tocó tierras aztecas un siete de Febrero de 1936[28], permaneciendo allí por lo menos ocho meses criticando el arte y el proceso de la revolución mexicana, para luego arribar pocas semanas entre septiembre y octubre a la sierra tarahumara. (Artaud, 1975). El punto climático de Artaud en su conciencia poética, adquiere el *acmé* de su compromiso como ente creador en aquel rastreo incesante por descubrir la magia sumergida en la cosmovisión Tarahumara. De allí, el imaginario colectivo y sincrético se incrusta en el escritor, generando un potencial creativo hasta alcanzar su Némesis en Rodez con cartas que, *parodiando a Nietzche*, rayan

---

[28] Del 11 de enero a febrero siete de 1936, Artaud viene en barco desde Amberes hasta Veracruz. Según Cardoza y Aragón su llegada podría haber sido el 25 de septiembre de ese año. En "El rito del peyote entre los Tarahumara", p., 10, se lee: *"fue una mañana de domingo cuando el anciano jefe vino a abrirme la conciencia con una cuchillada entre el corazón y el bazo".* Luis M. Schneider en el prólogo de "Viaje al país de los Tarahumaras" aproxima con timorata incertidumbre que posiblemente arribaría el quince de Octubre en tren a la estación de ferrocarril más cercana a Sisoguíchic, la verdadera puerta para descubrir la región tarahumara. Artaud, A. *Viaje al país de los Tarahumaras.* Prólogo, Notas y Edición de Luis Mario Schneider. Edit. Secretaría de Educación Pública, 1ª. Edición, 1975, México.

lo genial, pero también acarician lo humano *pobremente humano,* escenificando su propio *teatro de la crueldad.*

El tercer caso de aislamiento forzado con creatividad conciencial, incluso entre barrotes, proviene de los campos de concentración del mediterráneo balcánico, donde el griego Yannis Ritsos nos muestra su *ars poética* en medio de auténticos trabajos forzados. ¿En qué radicaba su fuerza poética incansable, como si escuchara cantares ásperos cada vez que picaba una piedra?

Multinominado por respetables instituciones europeas para ganar el Nobel de literatura, laureado con el premio Lenin de la paz en 1977 —la máxima presea de los, en ese tiempo, países tras la cortina de hierro—, Ritsos fue un escritor que por compromiso, se ganó a pulso sus condenas y exilios forzados como preso político. En el levantamiento de alrededor de doce mil obreros en Salónica (1930), escribió en "Epitafio", veinte poemas denunciando con ira, su impotencia. Gracias a esa conciencia de activismo poético, el general Ioannis Metaxas ordenó quemar sus libros en el sacro palacio de Zeus en la acrópolis griega y lo envió al campo de concentración de Makronisos a mediados de siglo, donde escribe metafóricamente "Tiempos petrificados" en 1948, que sirven de base para publicar generaciones después, los mismos versos *aprisionados* (Ritsos, 1972) en un continuo susurrar de piedra y muchos años de reclusión, voces calladas y gritos de libertad reprimidos.

Pese a que su poética puede iluminarse del lirismo mediterráneo en "Sonata claro de luna" y otras obras, en Ritsos se aprecia el desasosiego del autor que no tiene satisfacción completa y lucha por la injusticia social en todo momento. El poemario *Romiosine*[29] es un símbolo de identidad nacional y en este ámbito, el poeta hace de su obra un himno que invita a la resistencia colectiva como un acto de conciencia poética sublimada para toda una nación (Zambrano, 2015b).

Ritsos es un poeta adolorido. Herido con una genética desde antes de nacer que presta atención al devenir histórico de su pueblo, continuamente en lucha. Su conciencia poética se resume en eso, en el grito de libertad oprimido en *cuerpo y sangre* que se

---

[29] Aunque la crítica en general, dice que este término es intraducible, *Romiosine* refleja la *Elenidad* de un pueblo que históricamente es asumido como "cuna de la civilización", con una gran resistencia durante la segunda guerra mundial y una cruenta guerra de independencia contra el invasor imperio otomano. *Romiosine* fue musicalizado por Mikis Teodorakis y coreado en conciertos masivos en los 70's, al finalizar el último de los arrestos y encierros de Ritsos en islas-campos de concentración, ordenado en 1968 por el régimen dictatorial de la época.

mantiene activo, sin esperar a que se le haga "Tarde muy tarde" (parodiando uno de sus últimos libros), para hacer despertar a todo un pueblo y lo tenga en el alerta constante de la conciencia colectiva clamando libertad. Para eso, entre otras cosas sirve el arte con conciencia poética ¡para emancipar revoluciones! (véase Capítulo siete).

3.2 **Conciencia poética sublimada: André Bretón develando a la musa ¿una provocación al surrealismo?**

En este aspecto de la revolución artística y la creatividad, es preciso también establecer el tipo de conciencia que en ocasiones se aprecia con rasgos del subconsciente, aflorando en la medida que esa creatividad permite confrontar lo que el cerebro intenta ocultar. En una acción poética conciencial, siempre el subjetivo amor se filtra. Y si hay conciencia crítica, es posible que esta se sublime.

Cuando André Bretón arribó a Islas Canarias sombreado por la luna de su *amor loco* Jaqueline Lamba (*vide infra*), franqueado por Benjamín Peret y hasta por Bertrand Russell, jamás imaginó que su interacción o legado en los poetas surrealistas isleños dejarán una huella capaz de generar disquisiciones sobre la conciencia poética, incluso con un *Manifiesto Surrealista* redactado allí en 1935 por el grupo de intelectuales que le había invitado. Allí estaban los legendarios Eduardo Westerdahl, Oscar Domínguez, Pedro García Cabrera y el crítico Domingo Pérez Minik entre otros, quien en los 70's integró su "Facción Surrealista de Tenerife" plasmando en este trabajo, gran parte de todos estos esfuerzos. El surrealismo canario es de hecho un reto a la concepción poética de la creatividad artística, generando conciencias creativas en seres absolutamente críticos en sus creencias y en sus actos. Así, la forma de crear y sembrar conciencia artística, recurre al poder de la palabra, e incluye un eclecticismo que se ostenta surrealista, apareciéndose críticamente débil contra la fuerza de sus fragilidades más internas.

En "El amor loco", de Breton, hay una revelación inmanente de la *causalidad*, pero más, del hecho de saberse conscientemente poético. Cuando el surrealista galo conoció a aquella todopoderosa ordenatriz [30] (*en una noche de girasol* vestida de fuego en un restaurante al que quiso llamar "el perro que fuma"), supo que su nuevo argumento de vida era bello y por demás poético...

---

[30] En *L'amour fou,* versión española y prólogo de Juan Malpartida. Alianza Editorial, Madrid, 2000. Bretón anuncia que un 14 de agosto se casa con *Mademoiselle* Lamb, a quien conoció en una noche de girasol. p., 78.

El texto en sí, es un testimonio de una realidad (acaso surrealista, como vivir un amor loco, según él, pero según yo; una descarada ofensa al movimiento surrealista, a Dadá, a Tzara y a todos los que infirieron ciegamente en que en el surrealismo no existía nada, ni siquiera el amor tontamente loco), y seguramente evidencia las miserias y debilidades del *ser poético*, pero también es una oda al azar, a la incertidumbre de los sentimientos que integran las emociones y aquel *comportamiento lírico* que Breton bien bautiza. En el capítulo V de su libro, se rememora su ascenso al volcán del Teide en Islas Canarias y en él, desarrolla la importancia de un trabajo que lejos de ser surrealista, conduce al amor y a lo sublime como *una verdadera liberación de colibríes*[31]. En una epístola de colofón, justifica su esencia poética y profesa lo que óptimamente conmueve a un ser:

> *«Je ne nie pas que l'amour ait maille à partir avec la vie.*
>
> *Je dis qu'il doit vaincre et pour cela s'être élevé à une telle conscience poétique de lui-même*
>
> *que tout ce qu'il rencontre nécessairement d'hostile,*

---

[31] *Ibíd.* p., 93.

> *se fonde au foyer de sa propre gloire».*[32]

De esta forma, el despertar del surrealismo, tan bien manifestado en el siglo XX, hizo sus apariciones en una famosa exposición en el Ateneo canario. Allí la conciencia poética (al menos la surrealista) confrontaría las huellas incitadoras de un Duchamp, un Picabia, un Picasso, un Max Ernst; o un Man Ray volando en sombreros Magrittianos, rompiendo vidrios holográficos existentes o cabalgando en elefantes alfileres convertidos en joyas Dalinianas resbaladas al margen de su bigote *Gala*tómico-*Galá*ctico, viendo derretir al tiempo de su misma conciencia poética en la creación ya no de una obra, ni de un amor profuso; sino de un género, una historia, una escuela de pensamiento.

Esa es la nueva concepción de la *crítica de la crítica crítica*: formar a través de sus obras, de sus actos, una conciencia poética mediante lo que se crea. Formar escuelas de pensamiento crítico en donde quienes critican puedan ejercer tal *arte de criticar*, con la

---

[32] Breton, A. *L'Amour Fou*, Gallimard, París, 1937.
"*Yo* no *niego* que el *amor tenga* disputas con la *vida*, afirmo que aquel debe vencer, y, *por eso elevarse a tal conciencia poética* de *sí mismo*, que *todo lo que* encuentre necesariamente hostil, se funda en la hoguera de su propia gloria". *Op. Cit.* pp., 130-131.

objetividad propia de no dejarse llevar por las emociones, pero si por el sublime *momentum* de hacerlo siempre pensando en esa “divinidad” que exaltan las bellas artes, como es el caso de la elocuencia…, la elocuencia de una conciencia poética heterocrítica con fines constructivos.

CAPÍTULO CUATRO

DE LA ESTETICA VÉDICA AL SÉPTIMO ARTE EN UN SOLO POEMA

4.1 *Upanishad:* Conciencia críticamente poética

Para entender los conceptos de la filosofía védica y vislumbrar su poética, lo primero que se me ocurre es ubicar en el tiempo estos poemas sánscritos que ciertamente confirman un absoluto paradigma estético, no sólo por su belleza, sino por esa genialidad creativa e imaginativa tan poderosa, que leyendo los más de 108 textos sagrados y oficialmente reconocidos por sus traductores e intérpretes a través de los siglos, nos muestran una claridad espiritual que bien valdría la pena fueran revisados por algunos escritores, antes de dedicarse al oficio de la escritura conciencialmente poética, al menos en los cánones de la funcionalidad crítica descritos en el capítulo dos.

El conjunto de filosofías védicas conocido como *vedanta (sabiduría integral)* se sincretiza a partir de la sexteta de escuelas ortodoxas hindúes que reúne las fases de la escritura sagrada entes de nuestra era en tres fases: los Upanishads, las oraciones-canto al gran dios Brahma o Brahmasutras y el conocido *Bhagavad Gita* (Agud & Rubio, 2000, Tola & Dragonetti, 2000). Estos upanishad o poemas sacros (entre los cuales, algunos estudiosos cuentan más de 150), fueron comentados originalmente por pensadores y críticos de legendario renombre en la filosofía oriental como Sankara (Shankarcharya) o Gaudapata (*Gaudapadacharya*) quienes trabajaron específicamente en dar sustento epistémico al trabajo de los himnos vedantas alrededor de los 800 años antes de nuestra era (Mahony, 1987; Martín-Diza, 1998), normalmente atribuidos a una decena de escritores muy sabios pensadores y eruditos poetas de esa época como Uddalaka Aruni, Shvetaketu, Yajnavalkya, y Sanatkamura entre otros (Mahadevan, 1956).

A estos primeros *Upanishad*, cuyas raíces etimológicas fraccionadas traducen "sentado abajo para escuchar", se les atribuyen cualidades visionarias poéticas de alto valor místico equivalentes en la poética mística occidental a San Juan de la Cruz o Francisco de Asís, reconociendo la hermana luna, hermano sol, diso agua, dios viento, dios viento, etc.

El poeta – a decir de su santo oficio reverberante y epigenético proverbial – intuye por simple predestino que la poesía lo aleja potencialmente de su realidad pero eso si, con el fin único de ascenderlo al nivel de meditación a través de sus letras. Meditación que tras una autocrítica exigente lo lleva a esa abyecta alegría tan característica en él, decantada en el lirismo de su propio interior. Finalmente el poeta, es un preso de su propia creación y de su espíritu, aunque también lo debería ser de la autocrítica, que es el propósito de los Upanishad a través de su conocimiento.

Allí el gran Brahmán del universo, trasciende espaciotemporalmente de forma dual e infinita, y puede vagar en ocasiones en lo finito, apareciendo en los himnos (Kena Upanishad) como Atman: su porción apenas perceptible solo para seres hipersensibles y honestos. Allí Brahma parpadea para dar rienda suelta al movimiento caótico del universo, y no es algo que se pueda ver, palpar, oler, oír o degustar; porque esta dualidad es inconcebible para la mente humana o los sentidos, pues según los poetas sabios que redactaron estos escritos, Brahma, indica *aquello que hace posible que la mente pueda pensar.*

Así pues el lirismo ancestral védico puede discurrir sobre la estética de un árbol. Para el poeta, un colosal árbol milenario es fuente de introspección y quizá ve deslizarse a la musa como serpiente, para alguien que entienda de funcionamiento neuronal puede ser una maravilla fractal y de esta manera en el *Katha Upanishad*, los sabios poetas hindúes de hace casi tres mil años, confirman la diversidad de la condición humana al sentenciar:

"*quien aprecia la diversidad de las cosas,*
pero no la unidad de las mismas…
muere una y más veces"[33]

Uno de los más renombrados poemas de esta categoría hímnica en sanscrito es el *Mandukya Upanishad* que se basa en el conocido mantra "Om" tan sonoro como capaz de despertar a Brahma e iniciar la rueca que podrían envidiar las parcas de James Joyce en sus escritos para dar vida a los infiernos o al devenir del universo. *Om,* traduce la primera vibración del universo y quien conoce aquel silencio *big-bang*, tiene posibilidades de encontrarse con la musa en sus estados más místicos, como lo es la concentracíón, la iluminación y la conciencia plena. En este caso, una alegoría de la conciencia poética podría llegar en estas líneas y servir de trance como si fuese un sueño lúcido, un hibrido de dos conciencias entre la vigilia y el sueño

---

[33] Natiketas, hijo de Vagasrava, es ofrecido como sacrificio a los dioses. El muchacho en su defensa ante la muerte pide tres deseos y Yama, con potencial deidad enseña al joven a realizar el sacrificio del fuego, que es el principio de todos los mundos, así como el conocimiento de las tinieblas. *Katha Upanishad, Achyava* uno, *Valli* uno.

(Laberge, 1985), pero como bien citan los análisis de Sankaracharya es en este *Om,* donde el poeta podría hallar incluso el cuarto nivel de conciencia.

Los visionarios poetas védicos de hace más de tres mil años de existencia, han logrado develar la fuerza y sabiduría de Brahma, del Brahma de los Upanishads metafísico que refiere tres palabras sabias SAT (ser puro) SIT (conciencia pura) *Ananda* (alegría pura).

> *"El ser, más pequeño que lo pequeño, más grande que lo grande, permanece escondido en el caparazón de la criatura. El hombre que está libre de los deseos y el dolor, puede ver la majestad del Ser, por la gracia del creador"*
>
> *Katha Upanishad,*
> *Primer Adhyaya, Segundo Valli (20)*

Basado en la mística experiencia de la autocrítica en este campo, esta pluma escribiente (con conciencia propia, de lo que estoy escribiendo) podría inferir algunos niveles de conciencia poética que observo objetivamente en mi devenir de sustancial búsqueda. Por tanto, una conciencia poética podría tener tres niveles: 1) la conciencia del *self* del poeta, es decir la conciencia por la cual se nace poeta, se es poeta y se escribe, se sufre y se actúa como poeta; 2) la conciencia espiritual del poeta que crea un ser más allá de lo humano y lo divino, de lo santo y lo profano, y 3) la poética trascendental del poeta, donde el ser discurre sobre su función poética, su autocrítica y ya *trasciende* a la misma poesía porque la musa y el lirismo inespacial y atemporal del poeta lo ha absorbido. Es entonces cuando aquel poeta lleno de fragilidades pero dotado de energía sublime, empieza a vivir, a morar en el espíritu de los demás mortales. A eso me refiero con esa conciencia autocrítica que emana pero que fluye de la misma poética, que hace el amor con *la crítica de la crítica crítica* y con la autocrítica del ser críticamente revolucionario. Aquel que se reconstruye a todo momento, en un, digamoslo así: *status continumm resiliencis infinitae.*[34]

Pero igual cuando el creador, aún permanece en la tierra, entonces el nivel de conciencia esencial trata de buscar los caminos para ascender a niveles superiores, mediante un lirismo experiencial apoyado en la coexistencia con otras bellas artes, por ejemplo la cinematografía horadando las grutas musicales de Orfeo.

---

[34] Estado continuo de resiliencia infinita.

4.2 El sustrato argéntico en el testamento de Orfeo: *El tedio mortal* de la conciencia crítica hecho poesía

Con su estética poética, el clasicismo cinematográfico puede encontrar una luz al final del túnel, buscando una esencia autocrítica dentro del llamado 'séptimo arte'. Jean Cocteau, lejos de ser el artista de connotaciones polémicas como notable miembro de *Le Prieuré de Sion* y otras sociedades secretas — al igual que Botticelli, Newton, Debussy o Víctor Hugo — y de ser sustancialmente un icono de la intelectualidad posmo del siglo XX, fue sin duda un paradigma de constante búsqueda en esencia del criticismo en el arte. Su 'Trilogía Cocteau" nos muestra aún en cine mudo el sangrado surrealista de un poeta. Casi 20 años después devela a "Orfeo" y en 1959, corona su guion fílmico "El Testamento de Orfeo": un pastel inobjetable para entender el deambular insepulto del artista y su esencia existencial.

Directamente desde el celuloide a las pupilas del espectador, *la sangre del poeta* (1933) se decanta en imágenes caleidoscópicamente oníricas. Coágulos surrealistas se impactan a 24 cuadros por segundo, plasmando el rastro sanguinolento del poeta en una huella indeleble. Así se explica la esteticidad del artista que busca el "quienes somos" en los cuatro episodios en que se divide la película. Entre un racimo de escenarios surrealistas que reflejan la angustia del ser poético, observamos un sangrado fílmico de campanas repiqueteando con urgencia la alarma existencial del autor, guiándolo en naves trashumantes pletóricas de dolores internos hacia los confines de una realidad por descubrir. Antes de anunciar la primera escena, el autor advierte su intención existencial desplegando una artillería creativa y decretando: "Todo poema es un escudo de armas ..."

«Chaque poème
est un manteau de bras,
il doit être déchiffré.
Combien de sang, combien de larmes en
échange de ces axes,
de ces museaux, de ces licornes,
de ces torches, ces tours, ces martelets,
ces plants d'étoiles
et de ces champs de bleu.

Libre de choisir les faces,
les formes, les gestes, les tonalités,
les actes, les endroits qui lui plaisent,
il compose avec eux
un documentaire réaliste
sur des événements irréels.

Le musicien soulignera
les bruits et les silences.» [35]

---

[35] En un poema dedicado a pintores pre-rafaelescos de la talla de Ucello o Piero de la Francesca, el texto contiene una poética

En esta semiótica a develar no importa lo que el artista sienta. La primera parte del film: "La mano herida o las cicatrices del poeta" (*La main blessée ou les cicatrices du poète),* hay una cicatriz sangrante en la palma de una mano convertida en labios que habla con el poeta reclamando "más aire", al mejor estilo de Goethe antes de morir diciéndole al mundo *¡ Mehr Licht, Mehr Licht !* (¡Más luz!).

En el segundo episodio, la cinta se vuelve aún más surrealista. Allí, los labios descritos en la primera escena se convierten en la ideal alegoría del onanismo y son apropiados por una venus de Milo que ha vuelto a la vida, quizá recordando la clásica *Pigmalión y Galatea*. La escena de inmersión en un espejo acuoso que conduce al *voyeurista* "hotel de las locuras dramáticas", es una metáfora cumbre del cine surrealista que mira las miserias del ser a través del ojo de la cerradura de diversas habitaciones, *como si las paredes tuvieran orejas* (*Les murs ont- ils des oreilles*). En ese instante, el genio de Cocteau

---

llena de insignias y enigmas por descubrir. Todo poema es un escudo de armas, debe ser descifrado / cuánta sangre, cuántas lágrimas a cambio de sus rastros / de sus mordazas /de sus unicornios/ de sus antorchas/ sus rondines / sus martillos, sus plantíos de estrellas en sus campos celestes. // Libre de escoger los rostros / las formas, los gestos, las tonalidades, / los actos, los sitios que le gustan / él compone con ellos/ un documental realista sobre los eventos irreales. // El músico subrayará los sonidos y los silencios (T del A). Ver filmografía al final del texto.

dicta las "Instrucciones para el uso de un revolver y volarse la cabeza" y el cuerpo del poeta es bañado en chorros de sangre como si fuese la contemporánea película *Sonatina* de Takeshi Kitano, y la voz en *off* del narrador retumba en el espectador: "Los espejos deberían reflexionar un poco más antes de devolver la imágenes" *«(les miroirs feraient bien de réfléchir un peu plus avant de renvoyer les images)».* La escena finaliza con la destrucción de la estatua-féminoide, invitando al poeta a vivir en la inopia creativa del ser inerte.

A modo de glosa personal, las dos escenas finales de *la sangre del poeta* reflejan el lirismo artístico del autor. Con el humor típico de su personalidad, Cocteau recrea la condición humana como si fuesen estudiantes lanzando bolas de nieve, semejando granadas surrealistas dirigidas al subconsciente del espectador. El último episodio es un homenaje al onirismo surrealista y una banda sonora en el clímax del fragmento titulado "La profanación del huésped", acompaña al latir de un corazón y al alma poética que busca en la baraja de naipes, al escurridizo *as de corazones.* El poeta no encuentra la ansiada carta tras la advertencia de una dama-reina de corazones y este es el momento idóneo para que un ángel negro realice su magistral *performance,* traduciendo la conversión y aligeramiento del alma en levedad. Es allí donde el poeta sin amor, prefiere verter su sangre en la mesa de juego y la mujer vuelve a convertirse en venus de Milo, la estatua-musa del segundo episodio. Y es cuando Cocteau (voz en *off* del narrador), remata la película con la frase lapidaria: "El tedio mortal de la inmortalidad".

En este *tedio mortal* en busca de su propia conciencia crítica, las voces resonantes de Jean Cocteau no cesaron de gritar por casi veinte años hasta que en 1949 produjo la siguiente obra de su trilogía, ofrendando el título a "Orfeo", el dios griego de la música. Orfeo es un poeta enamorado de las garras de una muerte llamada Eurídice que se lo lleva al inframundo a través de la figura onírica del espejo, tan recurrente en el cine. Es así como en el hastío propio de un ser creativamente autocrítico como Cocteau, arribamos al rodaje de "El testamento de Orfeo" en 1959, reflejando la perdida espaciotemporal del artista.

La testamentaria tercera parte de esta trilogía es una llamada de atención a los marcos físicos (espacio-tiempo) del ser. El grito constante del poeta —actuado por el mismo Cocteau— en busca de sus obsesiones y fantasmas. Al iniciar, el film retoma la primera escena del boceto lineal de la cara expuesta en su película casi 30 años atrás. Allí el poeta trataba de reconocerse a sí mismo resaltando los labios, que luego aparecerían en la mano herida del poeta (*vide supra*). Ahora el transfigurado poeta Cocteau muere por una bala que viaja a la velocidad de la luz y resucita en quien solía ser. Tras múltiples peripecias, este film parece reconciliarse con sus monstruos internos y con personajes del Orfeo de sólo una década antes. En síntesis, las escenas son un balance de su existencia y logran que los espectadores (así como muchos de sus amigos en el film) sean *parte de su vida*, al mejor estilo de un slogan publicitario de cadena comercial. E irónicamente puedo concluir: *El tedio de la mortalidad crítica ha acabado de desangrar al poeta...* ese es el legado de Cocteau en la reminiscencia del boceto de su primera cinta, invitando al mundo una vez más, a abrir los ojos en cada entrelínea del artista.

« Le privilège du cinématographe,
c'est qu'il permet
à un grand nombre de personnes
de rêver ensemble le même rêve
et de montrer en outre,
avec la rigueur du réalisme,
les fantasmes de l'irréalité,
bref c'est
un admirable véhicule de poésie.

Mon film n'est pas autre-chose
qu'une séance de strip-tease

consistant à ôter peu à peu mon corps
et à montrer mon âme toute nue.

Car il existe
un considérable public de l'ombre,
affamé de ce plus vrai que le vrai
qui sera un jour
le signe de notre époque.

Voici le lègue d'un poète
aux jeunesses successives
qui l'ont toujours soutenu» [36]

Con tal epígrafe, Cocteau se justifica. Pero también hereda su definición de cine ventilando un nuevo pensamiento: discriminando lo verosímil de lo inverosímil. Para ser más explícito, este *testamento órfico* resucita contextos sepultados en el imaginario de la condición humana, aproximando sólo a aquellos espectadores que develan la realidad cuando desnudan su aparato crítico. Es decir cuando la crítica creativa concibe la re-creación en el arte y le otorga una acepción estética.

---

[36] El privilegio del cine es que permite a un gran número de personas soñar juntas el mismo sueño, y de mostrar en cambio, con el rigor del realismo a los fantasmas de la irrealidad. En resumen, este es un admirable vehículo poético. Mi película no es otra cosa que una sesión de *striptease*, consistente en sustraer, poco a poco mi cuerpo y revelar mi alma desnuda. Porque existe un considerable público de la sombra, ávido de más verdad que esa realidad que se convertirá algún día, en el signo de nuestra época. He aquí el legado de un poeta a los jóvenes progresistas que siempre lo han respaldado (T del A). (Cocteau, 1961).

CAPÍTULO CINCO

LA ESTÉTICA CREATIVA Y EL ARTE *RE-CREATIVO*

Walter Benjamin cavila en las técnicas vanguardistas de su época, y en su ensayo "La obra de arte en la época de su reproducibilidad técnica"[37]; fija puntuales advertencias sobre la función primordial del crítico cuyo objetivo es "observar" la consumación de una obra. Es decir, el crítico debe sumergirse en las profundidades del *por qué*, el *para qué* y el *qué* de toda creación artística.

Como una apertura visionaria a los destinos indefectibles del arte contemporáneo, el autor se enfrenta cuatro años antes de morir, a las alternativas creativas que acompañaban en ese momento a las postrimerías del *art nouveau* y el *art decó,* contemplando también la incipiente eclosión del surrealismo bajo el pensamiento ígneo de Tzara, Dadá y Bretón. En su escrito analiza si el hecho de copiar una obra, o al menos re-crearla, puede concebirse como arte. Es decir, respecto a aquella lírica muerte del artista cabe la pregunta: ¿después

---

[37] Escrita originalmente en alemán como *Das Kunstwerk im Zeitalter seiner technischen Reproduzierbarkeit*, fue publicada en la revista de investigaciones sociales, *Zeitschrift für Sozialforschung,* donde un reducido grupo de académicos la revisó en 1936 (Scannell P, 2003)

de la copia, desaparece el creador? Es aquí donde infiero que el momento artístico del creador es diferente al del re-creador, ya que este último genera una auténtica conciencia crítica en la medida que recrea un original, lo produce y lo re-produce con sentido crítico y cambia su esfera primitiva, extrapolándola a otros ambientes — cine, música, escultura, fotografía, derivaciones del arte pictórico, como grabado, litografía, lasergrafía y hasta "plastinación" (*vide infra*) —, considerando que en un futuro muy cercano, se aprecie el arte hasta en hologramas físicamente cuánticos.

El crítico, guionista y poeta británico John Berger en sus "Modos de ver", confronta a Benjamin escrutando el avasallamiento de la tecnología y la re-creación de las artes visuales. En su análisis, explica que gracias a esta vanguardia, las imágenes artísticas pueden ser *efímeras, insustanciales,* disponibles para todo público y hasta gratis, sin menospreciar al creador (Berger, 2014). La pregunta obligada emerge como ángel sembrador de incertidumbres. ¿Dónde queda la quintaesencia del artista? A pesar de que Benjamin trata de analizar a dónde se va el espíritu artístico (*el aura*, el ritual) en términos de autenticidad y *unicidad*, es posible que el arte re-creativo redima al ser artista (de ese momento artístico), en un humano *trans*-sideral y ubicuo[38] —sí, como un dios—, volando de esquina en esquina viéndose por todo lado en litografías callejeras, serigrafías impresas y hasta en prendas de vestir o bolsos que comercializan los mismos museos de arte.

En términos de la apropiación del lenguaje (véase Capítulo uno), Benjamin maneja en este ensayo su propio albedrío lingüístico, dejando a la fenomenología del espíritu artístico en el creador, la evidencia de la emancipación interior del artista (en referencias a la fenomenología Kantiana y a la posturas de Eco, antes discutidas). Es decir *en el propio lenguaje del artista* y gracias a la traducción de sus imágenes mentales, ese ser artista puede comunicarse con el espectador.

Aludiendo a Nietzche, es polémico juzgar si está bien o mal, copiar o no, adaptar o no adaptar una obra, recrearla o no. Todo puede reducirse a ese juicio efímero de las innovaciones creativas del artista que *en aras de su ser artístico*, siempre tratará de crear algo tan bello, como sublime (*vide supra*), sin fijarse en cuestiones morales y se enfocará a las variaciones estéticas de la creatividad (y de la re-creatividad). En ese aspecto, la cultura popular e incluso las artes circenses (como

---

[38] Coincidencialmente el ensayo de Benjamin, abre con una cita de Paul Valéry tomado de *La conquête de l'ubiquité* (La conquista de la ubicuidad).

elemento recreativo), bien podrían ser tema de una crítica más minuciosa, pues en la diversidad del esteticismo radica la hermenéutica belleza del arte.

5.1 De la diversidad estética a la recreación artística

Desde el punto de vista lúdico, el arte es absolutamente compensatorio. Esto tiene que ver con tópicos que se acercan a los valores axiológicos citados al inicio de este ensayo, donde lo lúdico, se mezcla con el placer, con lo epicúreo y hasta con lo biológico, ya que las funciones cerebrales sustentan la felicidad de crear o de transmitir creación (*vide infra*). Un punto altamente sensible para entender la constante insatisfacción del creador, podría ser una definición de artista en su versión más cruda, pero también en su acepción más realista.

Por ello, el cuestionamiento sobre la insatisfacción como motor del artista es más que necesario: ¿Debe el artista verdadero estar del lado del inconformismo creativo?

En el tema de "El plan de ataque" (ver Capítulo uno), nos referimos al inconformismo del artista asociado a sus estados de ánimo y a la constante búsqueda del *Ser artístico.* Éste es uno de los acontecimientos del momento *creativo* que casi por definición acompañan la *innata desazón del ser artista* – parodiando la clásica leyenda Artúrica de John Steinbeck[39] –. Es en esta tesitura donde el artista es inevitablemente reflejado en su condición humana, pudiendo evaluar realmente *quién es*, en ese preciso instante del "concepto creado u obra producida". Es decir, el instante de la autoevaluación de su obra o, en el punto de quiebra donde se provoca el *continuum* del desasosiego del ser artista por antonomasia. Es cuando de pronto, en una abstracción cercana al *momentum* creativo[40], pudiésemos escuchar al mismísimo Merlin, expresando su soledad en voz alta: *de qué sirve tanto arte, si mi magia no sirve ante tus hechizos*[41].

---

[39] En la traducción al español del clásico texto "La Muerte de Merlín" se lee: *Y Merlín, con la innata desazón de los hombres*, no pudo evitar iniciarla en sus arcanos a pesar de que preveía sus intenciones (Steinbeck, 1976). Trad. Carlos Gardini, Edhasa, Barcelona, 1979.

[40] John Steinbeck escribió *The Acts of King Arthur and his Noble Knights* a partir del Manuscrito Winchester de los cuentos de Malory. Su trabajo excede a la mera redacción, puesto que John reelaboró las historias originales. Fue escrito en Somerset, Inglaterra, en 1958-9 y quedó incompleto; la edición no fue preparada ni corregida por John, sino con el apoyo de Chase Horton y Elaine Steinbeck.

[41] ***Op. Cit.*** La traducción original reza: Entonces Nyneve, con la innata astucia de las doncellas, empezó a interrogar a Merlín acerca de sus artes mágicas, insinuándole que le daría sus favores a cambio del conocimiento. *Y Merlín, con la innata desazón de los hombres*, no pudo evitar iniciarla en sus arcanos a pesar de que preveía sus intenciones. Y cuando regresaron a Inglaterra y cabalgaron lentamente por la costa rumbo a

Es decir ¿el verdadero creador es aquel que nunca está contento con lo que hace?

Aquí podrían surgir mecanismos de defensa para los dos extremos: es aceptable lo que hice *vs.* destruyo lo que hice. En uno, el artista se acepta potencialmente en su "insatisfacción" al mejor estilo de Mick Jagger y su *jingle* transgeneracional: *I can get no satisfaction*. En un segundo plano el artista parece reflejarse en *breviarios de podredumbre* como diría Emil Cioran argumentando que todo es una mierda, suicidémonos, el mundo ideal es el de los artistas derrotados y lo que exista en el reino de los creadores depresivos con chispazos productivos. En otras palabras, y siguiendo la pauta de la insatisfacción: el poeta que se sabe poeta, debe asumirse como un ángel de destrucción interna al mejor estilo de la iconoclastia irredenta.

Pero ¿Cómo el artista sublima la desazón de sus monstruos más internos? Aunque escrupuloso en mi pensar, podría inferir que tal desasosiego es una lábil cualidad

---

Cornualles, Merlín le mostró innúmeras maravillas, y cuando le pareció que al fin despertaba el interés de Nyneve, le reveló cómo obrar prodigios y puso en sus manos los instrumentos para el sortilegio, le suministró los antídotos mágicos contra la magia, *y por último, en su ñoñez,* le enseñó los hechizos que no pueden quebrarse por ningún medio (Steinbeck, 1976), Trad. Carlos Gardini.

de la condición humana y concluir, que esto del inconformismo del artista es equivalente a una *espada de Damocles:* un arma de doble filo en constante aviso de alerta que nos invita a pensar en una dualidad en el arte y en la conciencia — crítica y autocrítica — del artista. Es decir, Nos cae la espada o no nos cae[42]. La satisfacción agradable de la obra terminada *versus* el no sirvo para nada, quedó horrible lo que hice, háblame Monalisa, incendiemos esta pintura, tumbemos las torres, o *quémese después de leer*; son sitios comunes para el verdadero artista. En el diccionario mito-hermético compilado por el alquimista galo Dom Pernety en el siglo XVIII, se refiere la inmolación de los libros como la forma más idónea de alcanzar la perfección, *la blancura de las cosas*[43]. El artista bien pudiese concebirse perfecto y esa sería latentemente,

---

[42] Parodiando la frase "Nos cae el veinte" que en México ilustra el momento en que nos damos cuenta de una situación. En el concepto védico de conciencia (ver Capítulo 4), equivaldría a un grado de iluminación. La *caída del veinte,* es muy simple: "cae o no cae". En retórica científica equivale al fenómeno "Todo o nada" que identifica el comportamiento eléctrico neuronal. "Se dispara o no se dispara" un evento mental o un "potencial de acción". En muchas culturas, existen refranes o frases populares que traducen ese momento que nos hace poner atención sobre un tema en particular, tomamos conciencia de algo o simplemente "nos cae el veinte".

[43] «*Blancura*: … Cuando el artista ve la perfecta blancura, los filósofos herméticos dicen que es necesario destruir los libros porque resultan inútiles.» Dom Pernety, Diccionario mito-hermético. Vedra-Índigo, Barcelona 1993, p., 85.

una antítesis en la creación artística, ya que en su circunstancia ideal persigue sublimar lo nunca creado, y el quedarse quieto, amenaza su propia existencia como ser creador.[44] Es allí donde poéticamente, el viento comienza a hablar del artista, y el ser artístico *sublimado* alcanzaría el grado tres de conciencia poética, es decir ¡es el tiempo que su obra viaja a través de diversas generaciones culturales!

Entonces en el arte de crear y estar contento con lo que se crea, tendría un peso específico en la discusión. Es ahí donde aparece la obligatoria incertidumbre ¿Consideraría el hacedor de arte, al dios católico como artista?

Considérese que en la re-creación y afrontando a Benjamin, una cosa es producir arte y otra, es re-producirlo. Pero también el deber del artista es *crear* y cumplir con el oficio lúdico de *recrear*. Las obras musicales generan comúnmente *covers* y las sinfonías del sordo Beethoven aparecen en rock, las canciones de los Beatles en salsa o sinfónicas y todo se reescribe en adaptaciones musicales. Un

---

[44] Parecería cismático y pecaría de iconoclasta, concluyendo que el dios católico –en caso de existir, nunca sería artista (por considerar "buena" su obra). Parafraseando el libro del Génesis, primeros versiculos de la biblia, Gn 1:12,18,21 y 25. ¡... *y vio Dios que era bueno* y continuó creando al hombre, creyéndose buen artista!.

escrito desaparece en parodias y las obras de teatro desde las tragedias griegas hasta las creaciones de un Shakespeare, se convierten en cine. Los discursos de elocuentes oradores pueden aparecer en resonancias pregrabadas de *disc-jockeys* hipnotizando multitudes a moverse al ritmo de sonidos que siguen la frecuencia cardiaca como instrumento y patrón cardinal de ritmo y ahí seguramente hay arte re-creativo estimulando los sentidos en estados hipersensibles. Un videojuego en su concepción artística, significa una constante re-creación. Desde el uso de sus personajes, frecuentemente salidos a partir de ficciones llevadas a la pantalla grande, hechos reales o basados en muy pocos conceptos históricos pero tergiversados con un gran poder imaginativo, hasta todas las dinámicas que la tecnología pueda crear para hacer más adictivo el entretenimiento.

Lejos de caer en reduccionismos futuristas, el videojuego viene lidiando ya con una generación cercana a los cuarenta años, es decir cuando el arcaico *betamax* y previos dispositivos eran vendidos en tiendas de departamento y llegaban a nuestros hogares. Luego, como ventana que mira de reojo una estampida pseudoapocalíptica, vendrían los juegos de control de mando, las maquinitas en locales abiertos, las hordas de adolescentes rompiendo el tabú tecnológico, la satanización biológica del mecanicismo de la adicción al juego con escenas de violencia extrema y nos alcanzaría en la creación del videojuego. En síntesis los hacedores de videojuegos son seres artísticos que *cranean* sus personajes para niños, adolescentes o adultos. Idean dinámicas lúdicas y aparte de eso, son en su mayoría tan jóvenes que en un gran porcentaje no pasa de los 25 años. Casi autodidactas en su propia práctica diaria y en el perfeccionamiento de sus técnicas, manejan arte tridimensional, sonido incidental, efectos audiovisuales con carácter emocional personalizado y por si fuera poco, crean programas computacionales generando adicción incluso en dispositivos cibernéticos y celulares que como premio, los circunscriben en redes sociales[45]. En otras palabras: una

---

[45] El adictivo juego "Clash of clans" da muestra de ello, por encima de otros ejemplos como *Angry birds, Candy crush, Subway surfers* o similares juegos de aplicación a dispositivos manuales, manteniendo una hegemonía memética creada desde agosto de 2012. Actualmente supera los 300 millones de usuarios vía Google talk y Mac-IOS/I-Phone App produciendo ganancias mayores a 1.56 millones de dólares diarios (diez veces más que los videojuegos de Marvel comics, según *bussinessinsider.com*), en el que cada usuario gasta en promedio 20 o 25% de sus horas-día en defender y atacar territorios propios de los invasores. Los científicos correlacionan este *éxito* con estrategias de seducción subliminal aplicada a los principios de vulnerabilidad a las adicciones y a los mecanismos de recompensa cerebral. Esto es explicado desde el punto de vista neuroeconómico, o en neuroepistemología, que incluye la participación de neuropéptidos y neurotransmisores influyendo en conductas de

subcultura que tiene sus propios códigos para sobrevivir jugando a vivir realidades alternas. Algo así como vivir, soñar dormir y despertar cíclicamente dentro de un videojuego. Y en otras palabras, la re-creación puede transitar entre la vida y la muerte y viceversa, donde el vivo recrea la muerte y sus muertos como en todas las bellas artes, elogiarlos y revivirlos. Pintarlos, escribir sobre ellos, en escultura mantenerlos vivos (caso Cocteau citado en el Capítulo cuatro), en una palabra inmortalizarlos incluso con propuestas estéticas que lindan con el terror, o de hecho, en ese horror de la desvirtuación del arte, que a veces es sublime, como se aprecia constantemente en la creatividad publicitaria.

Pues bien, he aquí una propuesta objetiva de la *crítica de la crítica crítica a la crítica del arte*, que como se discute en las últimas líneas de este texto: se enfrenta al monstruo ecléctico y pluricéfalo que relaciona al arte con la tecnología y sus muchas variaciones estéticas. Tales variaciones, simplemente *revolucionan el arte*, incluso en los linderos —quizá antiestéticos— de la plastinación: un paradigma donde el artista reta al tiempo y a su estética misma, uniendo al arte y a la ciencia.

---

afiliación, empatía y reconocimiento grupal (Zambrano, 2015 a).

5.2. La estética del tiempo en el *tic-tac* de la plastinación

Plastinación refleja "arte evolutivo" y es una técnica con base en diversos tratamientos de tejidos biológicos inertes, que por mecánicas físico-bioquímicas traducen la metamorfosis de un cadáver, en arte.

El médico polaco Gunther Von Hagens ha ido perfeccionando esta técnica patentada desde 1978[46] y sus productos artísticos con fines académicos, han viajado desde la universitaria Heidelberg donde se doctoró en ciencias forenses, anatomía y patología hasta China, además de posicionarse académica y artísticamente en los ámbitos educativos de Estados Unidos. A simple vista la plastinación podría confundirse con el sacro embalsamamiento de los egipcios ancestrales y a velocidad literaria, nos aproximaría a las técnicas de conservación de las icónicas momias de Guanajuato enfrentadas contra el

[46] Preservación de tejidos biológicos por impregnación de plástico polimerizable: DE patent 2710147 *Präparat aus biologischen verweslichen Objekten und Verfahren zu ihrer Herstellung",* siendo documentada en septiembre, 14 de 1978. https://www.youtube.com/watch?v=j3ZObUZvGwA y también en https://www.youtube.com/watch?v=cl7PrbuvK28.

mismísimo *enmascarado de plata*[47]. Sin embargo, la plastinación difiere del embalsamamiento en sus técnicas de aspiración inicial de materia orgánica, hidratación con sustancias preservativas, copolímeros, resinas, antimicóticos, silicona y antibióticos en general, que dan un sustento científico-evolutivo al arte respecto a una *neo*productividad creativa y artística.

Entonces ¿Con el tiempo, la estética del arte crea un ambiente subyugante? ...Y cuestionando aún más críticamente ¿esta propuesta originalmente académica puede considerarse necrófila o antiestética? Enunciaré mi respuesta, que lejos de solventar una humilde explicación, sirve para entender la esteticidad del problema sin inmiscuir la taxidermia en animales u otras técnicas similares.

A mí parecer, la estética puede ser directamente proporcional a la capacidad creativa del "ser artista". Si el profesor von Hagens, tuvo el ingenio de recrear un arte antiguo y aplicar sus conocimientos en un concepto, de inicio académico, es que estaba impulsado por un ser artístico, profundamente

---

[47] Este es un carácter artístico en el cine y en la cultura popular, arraigado como objetivo al menos turístico, acaso estético para algunos y de auténtico morbo para otros. Ver Filmografía al final del texto.

estético. No todo individuo es ser artista, y no todo el que concreta nuevas técnicas, dibuja, escribe, concibe esculturas (incluso plastinadas), hace filmes o crea videojuegos, tiene la concepción espiritual del *ser artista*. El arte de ser artista, está en el creer que se produce arte y justificar tal creatividad en la mística que conduce a la sublimación de un arte verdadero. Si el *ser artista* no cree en producir arte, simplemente no es artista ni mucho menos hace arte.

Por el contrario, el ser creador, cuando la creatividad llega a considerarse relativamente subyugante, hace que este ser artista sea un re-inventor de su propia estética. En ese momento su ser creador se convierte en innovador, en un ser místico para el oficio del arte o lo que creyese ser arte, permaneciendo en la relatividad del tiempo.

De esta manera, apreciar el arte también es relativo. Para Artaud, *no todas las épocas, son capaces de entender la importancia del artista* y el arte cumple con *un deber social, que es dar salida a las angustias de una época*[48]. Hay obras de arte de incuestionable belleza que no son del gusto de todos (y son cuestionadas); y en otros casos como dice

---

48 Artaud A. La Anarquía Social del Arte. En *Mensajes Revolucionarios,* selección de artículos publicados en México, 1936. Editorial Letras Vivas, México, 2006. pp. 116-118.

Benjamin, hay obras consideradas irrepetibles (*vide supra*). Por ello, se antoja concluir que existe el arte que no trasciende al tiempo, pese a ser sublime para algunas apreciaciones estéticas.

El crítico y esteta Paul Virilio y el difunto curador italiano Enrico Baj (*RIP* 2003), notable innovador en el *collage contempo,* con imágenes de desastres nucleares o guerras fratricidas, nos abren la puerta crítica a la plastinación. En su ensayo "Discurso sobre el horror en el arte" este tema en el imaginario colectivo del espectador toma el curso de la inmediatez que puede ir desde los Babilonios, pasando por Sodoma y Gomorra, la Roma de Heliogábalo o el kínder Calígula; hasta arribar a Agustín de Hipona, Dante o Tomas de Aquino, enfrentar a Torquemada y admirar a Caravaggio en Holofernes, Judith y sus cabezas degolladas que a vuelo de pájaro, parecen vomitarme en la antítesis de Jekyll y Mr. Hyde, Mary Shelley, Drácula o los Zombis de *El santo* luchando por equivocación contra los "muertos vivientes" del legendario George Romero.[49]

---

[49] Desde los años 30's, Bela Lugosi (Drácula) fue uno de los primeros zombis en el film: *White zombie* dirigida por el pionero Victor Halperin. Los conceptos del legendario Santo, el enmascarado de plata, luchando contra zombis inician desde 1962, en un guion de Antonio Orellana. La clásica película "La Noche de los Muertos vivientes" (*Night of the living*

Sin embargo el análisis de los maeses Virilio y Baj, se orienta en este caso a otro monstruo más peligroso y tentacular que el mismísimo Kraken, cuando infieren que el *leviatán* predestinado a acabar con el arte, es la publicidad como transformador de culturas, capaz de carcomer el cerebro de los zombis con quienes compartimos la insoportable levedad del consumismo *al mejor estilo de M. Kundera*. El ser humano —inevitablemente temporal— transita en una estética continua de cambio. Festivales de *zombis* que vagan insepultos por las calles disfrazados de nosotros mismos, parecen más activos y nos invitan con su resistencia a meditar positivamente lo que ellos también reclaman y sienten. Así, toda una maquinaria de cuestionamientos surge al apreciar lo que el arte de horror nos quiere decir.

Los creativos de Benetton por ejemplo, en los 90's fueron maestros en publicidad de choque, promoviendo fragancias de alto perfil con fotos que invitaban a la meditación inmediata del concepto estético "publicidad bonita vs. *qué* me están vendiendo". En los discursos del horror en el arte, puede transitar desde un icono publicitario hasta literatura de

---

deads) fue estrenada en 1968 (ver filmografía al final del texto).

todo tipo, puesto que la estética del horror juega con los elementos internos del subconsciente. Allí, la tecnología se mezcla con el arte y con la estética tiempo. En otras palabras, la trascendentalidad del tiempo en el arte, parece estar muy adosada a la absorción del ser por la tecnología digital. A una especie de *transvirtualización,* referida por Virilio como procesos de eutanasia pasiva, donde recrea la muerte-vida de un potencial *ser artista* en la recreación de clonaciones, *cyborgs* (chips *CYBernéticos* reemplazando *ÓRG*anos), como una forma de transculturalidad virtual que reta a la estética en todo momento.

Y es allí en esa espacio-intemporalidad del ser creativo donde aparece el cuerpo humano como el perfecto bastidor del artista, *Un óleo sobre piel* en franca alegoría a un libro de cabecera al mejor estilo de David Cronenberg o lo que es lo mismo, el *bodypainting* como propuesta estética e incluso la plastinación o el uso de la tecnología en el cuerpo. Así que en términos posmodernos y ya entrados en el tema de la subyugante tecnología y su comunión con el arte, es necesario incluir el expresionismo en los videojuegos, donde la misma tridimensionalidad del cuerpo evoluciona de nosotros mismos a entes alienígenos o monstruos devoradores de héroes humanos semejando *kamikazes* solitarios en misiones extragalácticas.

Es por ello que los críticos creen que la relatividad del tiempo tiene su momento para enarbolar argumentos fácticos sobre la obra de un artista. *La estética del tiempo* trabaja también el momento artístico (*vide supra*) en varias categorías dentro de la *crítica crítica*. Así pues, en su obra *Critica della Critica,* el catedrático esteticista Filiberto Menna describe los momentos fundamentales del quehacer crítico y los clasifica en cuatro categorías: 1) Momento teórico, elaborando constructos hipotéticos con fundamentos filosóficos y estéticos. 2) Momento histórico, que sitúa integralmente las coordenadas referenciales de diversas obras artísticas. 3) Momento técnico, basado en la metodología del crítico para esgrimir sus argumentos. 4) Momento evaluativo, quizá el más difícil porque, a mi juicio, une la parcela autocrítica del escritor con la heterocrítica del lector o del criticado, constituyendo lo que pudiese ser una genuina función crítica de la crítica (Menna, 1973, De la Calle, 1995).

En el artista, el tiempo no existe. La estética del tiempo en el arte es superior y trasciende, pues una obra desde las rupestres y animistas de Altamira hasta las que se crearán hoy y el resto de la eternidad, tiene por objeto nacer y de su fortaleza interna, dependerá su trascender en el tiempo. Ese es el tiempo dual del artista. En su primigenia concepción el artista nato "el ser artista en su concepción espiritual", no busca ganarle al tiempo, pero en *la materia del artista,* su ego trata de enfrentar la relatividad Einsteiniana del tiempo. Eso constituiría el momento sacro del ser artista, sin duda alguna un fundamento crítico que reta las leyes de la física teórica: el ser espiritualmente artístico frente a la relatividad del tiempo y a la aceptación de su capacidad creativa en términos estéticos y neuroestéticos.

CAPÍTULO SEIS

LA CONCIENCIA ESTÉTICA DEL ARTISTA REVOLUCIONARIO Y LOS RECOVECOS DEL CEREBRO

La conciencia estética del artista es latente, proactiva y nunca descansa. Es como un huracán que envuelve en cada milisegundo al espíritu creativo, un inagotable sentir sísmico que acompaña la búsqueda perenne por satisfacer al ser artista en su interior conciencial. Así es como el marcapaso de una *estética racional-espiritual* —casi sublime e inmanente al individuo creador— deviene en un predicamento filosófico, en esa posición categórica necesaria e imprescindible que confronta este texto con los conceptos analíticos y metodológicos de la neuroestética, que son objetivamente sustentados por la neurobiología (Zeki, 1997, Ramachandran, 1999).

La neuroestética como su nombre lo indica, busca establecer los diversos fundamentos neurobiológicos de las experiencias estéticas y los asocia con la emisión de juicios críticos, visionariamente advertidos por Kant en su tiempo (*vide supra*). En neuroestética como en neuroepistemología, existen varias prioridades de análisis y una de ellas es, integrar la forma en la que el cerebro procesa *sensaciones compensatorias*[50]. Es decir, según el juicio de especializadas redes neuronales, lo bello siempre será compensatorio, pues estas redes son capaces de integrar y decidir sobre una específica información estética. "Esto me gusta, esto no me gusta", son opiniones que en los campos de la esteticidad dejan de ser emocionales y esbozan algo de racionalidad.

Semir Zeki, indiscutible adalid de la neuroestética a nivel mundial, dedica casi medio siglo de sus investigaciones a lo que puede ser apreciable por el ojo humano y el procesamiento visual (Zeki, 1967; Zeki, 1993, Ishizu & Zeki, 2013). Sin embargo, otros canales sensoriales también pueden discriminar belleza estética, como el caso del procesamiento acústico de la música, de la poesía hecha palabra o con el apoyo de otros sentidos con los que apreciamos el arte. Así, nos puede gustar un acorde musical, podemos reconocer cierto trabajo escultórico distinguiendo texturas, o emitir un juicio sobre si es sublime un Rachmaninoff o si es bello escuchar a la Callas e imaginar un Bernini

---

[50] Los sistemas neurales de "recompensa" son fundamentales para entender los conceptos estéticos de lo bello y lo sublime (Zeki & Kawabata, 2004). Este procesamiento depende de redes neurales especializadas, moduladas por neuroquímicos como la dopamina y es también la piedra angular que sirve para investigar los mecanismos de vulnerabilidad a las adicciones.

concibiendo una de sus esculturas y a Goudi trazando *La sagrada familia*. En ese aspecto, me es necesario enfatizar que la estética y la crítica (como juicio crítico), son elementos racionales que conducen inflexiblemente a la herramienta culmen del arte: ¡ la creatividad !

Pero críticamente ¿es la creatividad una proyección ineludible del raciocinio? o simplemente debemos seguir considerando los componentes de la metafísica como creatividad que proviene de iluminaciones sagradas y de otros planetas.

En términos científicos, que son los que competen a la neuroestética, la creatividad es racional y no metafísica; y en términos neuroepistemológicos la creatividad y la imaginación son estructuradas en redes neuronales que despliegan una estricta operatividad jerárquica principalmente en regiones frontotemporales (Zambrano, 2012). Es allí donde la *función nominal de las cosas*, aparece. Michel Foucault en “El nombre de las cosas” marca un hito en el lenguaje epistemológico y lo que hoy pudiera entenderse por sublime, por bello y quizá por estético (Foucault, 1966), sugiriendo rumbos que pueden ser explicados desde la perspectiva de la semiótica visual (Eco, 1975).

En términos de lenguaje, lo espiritual y lo estético unen al arte con el momento creativo y con el ser artístico, antes discutido. Obviamente, ese ser artístico tan espiritual (y quizá metafísico en alguna de las fragilidades de sus tiempos como humano) tiene redes neuronales que son proclives a la estética, a la creatividad y al juicio crítico (Ishizu & Zeki, 2013). Incluso ese ser, es capaz de procesar percepciones sinestésicas, una condición neurológica en la que el artista *puede escuchar colores en sus pinturas* o *ver arcoíris cromatográficos al componer una canción* (Hubbard & Ramachandran, 2005), y además tener sensaciones de recompensa y hasta meditativas que se relacionan con el misticismo del artista durante su momento creativo.

Tal momento místico-creativo que une (mal unido) a la sinestesia con *poderes* mágico-*metafísicos* genera una pregunta crucial. ¿Puede acaso la estética lidiar con la metafísica? O por el hecho de ser conceptos *más allá* de la realidad ¿podrían obviarse por el libre arbitrio de su majestad, la crítica racional?

6.1 Del plano neuronal a la ideación de la metafísica creativa ...

En una primera aproximación a esta tesitura, nos centraremos en los trabajos descriptivos y antropológicos de la magia y el rito creativo desarrollados por James Frazer especialmente en su multicitada obra "La rama dorada". Es claro que en una propuesta de tan considerable extensión, uno de los primeros sofismas de distracción nos condujera subrepticiamente al subterfugio del esoterismo y el encantamiento metafísico. Empero, en aras de no perder el hilo crítico de la situación me permito recurrir a la exégesis del viejo Xenofanes de Colofón, que es ampliamente conocida pero que ostensiblemente es citada por el mismo Frazer[51], respecto de la creación del universo, la cosmovisión mágica y la evolución del pensamiento animista incluso muchos siglos antes de la era cristiana[52].

En términos epistemológicos —que son los que más se acercan a la función racional de la crítica—, la obra de Xenofanes ha sido estudiada contemporáneamente para evidenciar que fue uno de los primeros filósofos presocráticos en distinguir entre creencia verdadera y conocimiento de juicio (Osborne, 2004). Sin embargo, el hecho de

---

[51]: *... la tez de los dioses de los Etíopes era negra y su nariz chata; que los dioses de Tracia eran rubicundos y de ojos azules, y que si los caballos, bueyes y leones creyeran en dioses y tuvieran manos con que retratarlos, indudablemente darían a sus deidades la forma de caballos, bueyes y leones.* Frazer J. *La Rama Dorada,* FCE, México, 1981. p., 307.

[52] Xenofanes de Colofón (570-475 AC), uno de los más conocidos poetas elegiacos prehoméricos especializado en la difícil y ancestral métrica Iámbica.

asumir que seres metafísicos proyectados por la mente, tienen formas similares a las de mismo individuo que las piensa, ya es una proyección estética del pensamiento: otorgando a su dios, una idea de semejanza artística, sublime, divina y quizá sinestésica. Este concepto, nos lleva a los llamados *artistas iluminados* y al arte sacro, donde la comunión con lo sagrado de algunos artistas, nos sitúan en el limbo de lo real y lo metafísico.

En un campo crítico, incluso surgiendo de la de magia o del pensamiento metafísico, quizá persiguiendo al arte de la hermenéutica y descifrando los arcanos de lo encriptado[53], puede ser de gran utilidad la referencia de la colección de Lynn Thorndike recopilada durante más de un cuarto de siglo y publicada por la Universidad de Columbia (Thorndike, 1923-1958). Si a eso le sumamos concepciones provenientes del eclecticismo literario envueltos en ramas doradas y acicalando diosas blancas, seguramente obtendremos un coctel para analizar el devenir de la cultura en sus concepciones poético-metafísicas, un tema obligado para indagar en el imaginario colectivo y en el universo neuroestético del ser.

---

[53] Recuérdese que todo arte lleva un secreto inmerso, basado en el misticismo de su creador.

Pero si lo que se pretende es establecer juicios críticos sobre un tema que requiere del análisis objetivo, seguramente recurriremos a otras herramientas en que muchos filósofos a través de la historia han trabajado. Así, desde antes de Platón, hasta los mismos Deleuze, Derridá, Gadamer o Guatari, pasando por Hume, Hobbes o Kant, han arraigado los elementos metafísicos a la imaginación, a la creación y al pensamiento humano, escrutando la introspección y el momento altamente poético de la creación.

Con estas herramientas se enfrenta una cruda realidad y retomo la pregunta: ¿Tiene el arte cualidades metafísicas? La respuesta decepcionante al ser dualista, es "sí y no". En el caso de que el artista conciba la existencia divina y tenga creencias metafísicas sembradas en su cerebro, la acepción es positiva. Pero, en su lado negativo y sin pecar de reduccionismo, el ser artista "crea" siguiendo los dictados de su espíritu, su ser innato y su función neuronal. El inserto de la ciencia, respecto al arte, sugiere que durante la actividad neuronal que integra la creatividad, ciertamente la metafísica alcanzaría los rasgos de la divinidad.

El dilema poético y metafísico del deber y el oficio creativo, tiene una pregunta sustancial:

Qué es crear. ¿Es realmente un evento metafísico y divino? O simplemente es, la traducción neurocognitiva de nuestro entorno por una acción neuronal que en términos objetivos, proyecta las necesidades de nuestro ser.

Hay interesantes posiciones de la filosofía analítica, de la ciencia y de la filosofía de la mente que dejan entrever a simple vista que este encandilador tema es deliberadamente provocador. Generar una actitud objetiva enfrentando la realidad y la crítica con la metafísica y la creatividad, es un tópico selecto que ciertamente me atrae para dilucidar discusiones que requieren abordarse desde una perspectiva crítica que al final del análisis, permitan aproximar nuevos derroteros en el fabuloso campo del arte y la creatividad.

La metafísica es una hermanita consuetudinaria de la mística. Ambas son una especie de parches *curafracasos*, como diría el poeta Joaquín Sabina y son linimentos que ayudan a mitigar el dolor interno (pero fascinerosamente poético) del artista. Por ello, músicos en la historia como Mozart, Paganini, o cualquier Hendrix, el rey lagarto, dejan claro que el artista experimenta dentro de su mística, un sensualismo metafísico de gran intensidad.
Ejemplos de poesía mística desde San Juan de la Cruz, pasando por los analizados en el

apartado de conciencia poética en grados severos de confinamiento como los de Juana de Asbaje, Artaud o Ritsos (véase Capítulo tres), pueden llevarnos a planos acaso más teatrales como los del pintor solitario Juan Pablo Castel que es recreado en un diálogo introspectivo rayando la genialidad, pero que también concita la locura de la naturaleza humana y sus fragilidades, bien descritas por el maestro Ernesto Sábato.

Todos saben que maté
a Maria Iribarne Hunter.

El túnel, Capítulo III.

Escritores mexicanos en su esteticidad contemporánea, han ensalzado la metafísica de sus ancestros. El Michoacano Homero Aridjis en el quinto sol, el mismo Octavio paz en su controversial piedra del sol, Bonifaz nuño recurre a Coatlicue para conocerse a sí mismo en el tercer verso de su "Siete de Espadas" y un poco más atrás, Villaurrutia, Sabines, Elias Nandino llaman a la musa, de la misma forma como el romántico hidalguense Rodríguez Galván en su "Profecía a Guatimoc" escribe: *quiero escuchar tu frente, quiero escuchar tu voz,* casi queriendo enfrentar la muerte que en vida le legaría el desatino de la actriz Soledad Cordero, dejándolo en las alas de un barco-fiebre amarilla, alucinante y pre-metafísico que —como musa errante— da fuerza o se convierte en una inspiración serpiente, semejando una musa “escritoratriz”, la *Xiuhcoatl* mítica de Tenochtitlan.

La pintura metafísica es tan propia del renacimiento, como de nuestra contemporaneidad y la observamos en el arte psicodélico de Alex Gray por citar un paradigma. Así mismo el arte escultórico es proclive a la metafísica y es ineludible no citar los tres anillos de la Piedra del sol, meméticamente conocida Calendario azteca, y otras obras de la arqueología en cualquiera de sus instancias politeístas y monoteístas ya sean orientales (Khahurajo, Angkor Vat, etc), Mayas, Incas o las que sean.

¿Podríamos hablar entonces de una estética metafísica? Acaso, se puede negar la estética poética de los Upanishad (véase Capítulo cuatro) que son declaradamente metafísicos y espirituales? Con ello se puede inferir incluso, que no es un *ser poético*[54] enteramente estético y autocrítico, aquel que espiritualmente no se haya enredado amorosamente –al menos alguna vez en su vida terrena— con una musa.

Bajo esta perspectiva puede existir una verdad y también una realidad que en

---

[54] El ser poético, es un ente asexuado, que habita en los dos generos de la naturaleza humana y no tiene distinciones femeninas o masculinas.

ocasiones el conocimiento humano es incapaz de reconocer, enfrentando las posibilidades reales o metafísicas para constituir un juicio crítico y objetivo de determinada situación. La profundidad de tal conocimiento basado en un racionalismo crítico fue analizada por Karl Popper en obras como *La Sociedad Abierta y sus Enemigos*, (*cfr.* Capítulo dos) mediante dos tomos en los que confrontaba posiciones platónicas o incluso Hegelianas respecto a la razón o a sus instancias dialécticas (Popper, 2006).

El mismo Popper, parece tener una idea relativa de las posiciones Kantianas confrontando argumentos propios de la filosofía clásica. En ellas, apoya de alguna manera la supremacía científica sobre la metafísica creativa, que de manera subliminal parece sugerir que deviene de una fuerza superior; léase: asociada a la existencia de dios, evidenciando una posición dialéctica que no se compromete directamente con ninguna de las partes, es decir, respecto al arte se puede crear (experiencia) y también la ciencia puede concebirse como arte y se puede tener una posición crítica mediante el uso de la razón "evitando las contradicciones o *antinomias*" (*cfr.* página 18, Capítulo dos). Por ejemplo, ¿es dios? o es la musa, o es el cerebro, el causante de una obra de arte ...

La neuroepistemología en su posición más viable, permite estudiar de alguna forma todas aquellas proyecciones concienciales del ser en su forma fisiológica y neurobiológica, pero también en todas sus dimensiones espirituales (Zambrano, 2012). El ser artista "crea" siguiendo los dictados de su espíritu, su ser innato y su función neuronal. El inserto de la ciencia respecto al arte, sugiere que durante la actividad neuronal que integra la creatividad, ciertamente la metafísica de un momento creativo, alcanzaría los rasgos de la divinidad. Esta acepción nos acerca a una visión crítica ideal: la instancia donde convergen aquellas cualidades de la crítica racional que influyen en el arte y sus concepciones epistémicas, aquellas que sustentan la neuroestética dentro de un escenario creativo cercano a los patrones de belleza presentes en nuestras necesidades axiológicas más esenciales.

Así emergen triunfales las redes neurales que determinan lo bello y lo sublime, el placer al crear y las que además, permiten emitir un juicio crítico de lo que puede ser bello, o poco estético. El clásico estudio para analizar los correlatos neurales de la belleza evaluando un promedio de 300 obras de arte con paisajes y retratos implementando criterios de *bello*, *neutral* y *poco o nulamente estético;* mostró actividad neuronal para diferenciar lo bello, en el lóbulo frontal, más exactamente en la corteza orbitofrontal. Mientras que redes neurales de lóbulo parietal, identificaron estímulos neutrales, es decir para las obras que no eran evaluadas como bonitas ni como desagradables (Kawabata y Zeki, 2004). Esto quiere decir que en tales protocolos, el cerebro puede tomar decisiones sobre patrones que son proclives a la armonía estética o que ciertas áreas del cerebro identifican como bellas a ciertas imágenes y otras, son descalificadas.

Un segundo trabajo aún más profundo, que discrimina neurocientíficamente los juicios perceptuales y los juicios estéticos, exhibió especial actividad en el área de la corteza insular, asociada al ser que involucra subjetividades en su apreciación artística. De esta forma, los científicos estudiaron 21 sujetos clínicamente sanos y relacionan al juicio estético con el afecto, principalmente en estructuras subcorticales llamadas ganglios basales y en conexión con la amígdala que se activa con evocaciones afectivas. Al evaluar el juicio perceptual, observaron que es más cognitivo en las áreas de toma de decisión del lóbulo frontal. Según este artículo, en neuroestética los juicios pueden estar involucrando decisiones emocionales, que tienen que ver con las percepciones de atracción-repulsión, e incluso con sentimientos hiperafectivos como detestar una obra o sentir encantamiento por la misma (Ishizu & Zeki, 2013).

El hecho de enfocar neuronalmente los juicios estéticos, confrontan al ser artístico, en un perfil crítico evaluador de su creatividad. Cuando un artista es consciente de esta capacidad de autocrítica evaluativa, está muy cerca de generar tensiones creativas, es decir de fortalecer su cognición además de estimular un espíritu que es permanentemente inquieto, inclinado a revolucionarse a sí mismo.

CAPÍTULO SIETE

La verdadera revolución de la crítica crítica, también llamado *"re-ingeniería en el arte de criticar"*

Es claro que el pensamiento actual se debe a diversos cimientos culturales y a pensamientos de gran transformación plasmados en el enciclopedismo, la revolución industrial, los movimientos independentistas globales tras el paradigma de la revolución francesa y los derechos del hombre; además de verse influenciado por las revoluciones sociales del siglo pasado (véase capítulo uno). En este aspecto y basándonos exactamente en aquel pragmatismo evolutivo que caracteriza a la neuroepistemología[55], se podría pensar que cualquier revolución artística, influye relativamente en cambios radicales que identifican las culturas en transición.

Una revolución artística es el principio de las revoluciones y el conocimiento crítico de la misma, lleva al cambio profundo de la sociedad. A mi parecer, y fortaleciendo este texto que revisa el criticismo de una sociedad artística en continua evolución (como proyección del ser intimo); al conocerse el arte

---

[55] *Cfr.* Acciones pragmáticas de la neuroepistemología, Zambrano Y, *Neuroepistemology*, 2012, pp., 113 y ss.

profundamente, se desglosan sus raíces y se alcanzan nuevas proyecciones. Así se puede entender que la evolución de las revoluciones, requiere adaptarse al libre pensamiento y a la productividad creativa de cada artista.

Por ello, las revoluciones del acaecido siglo XX son un rico caldo de cultivo en algunas conciencias contemporáneas. Es allí donde el discurso de un cambio radical hace mella en aquellos soñadores que son parte de la resistencia y todo se convierte en un lugar sincrético para el artista. También es un *punto de implosión,* un detonante telúrico en su magma interior, donde la innovación y la creatividad constante se convierten en arma de sobrevivencia humana que mantiene al ser con dignidad frente los avatares socio-evolutivos que desfilan ante nuestros propios ojos.

Son tiempos de cambio a gran velocidad. Quisiera hacer énfasis en que hoy la tecnología transgrede nuestro ser, al punto de comprender al cerebro humano como un amasijo de redes neuronales computacionales y justificar la creación artística de modelos robóticos y androides. Allí, el ser humano cavila en nuevas perspectivas y se sitúa al *ser artista* en su genética, como una especie de mal divino convertido en un paradigma evolutivo. Los genes del artista, constituyen parte de un comportamiento social ligado a un tipo de "predeterminismo genético", el de aquellas hebras de ADN interactuando igualmente con determinismos socioculturales e incluso ambientales y espirituales[56].

Hoy, el individuo humano se enfrenta a una revolución definitiva: La revolución espiritual que debe trascender en el arte y en la creatividad de nuevas culturas, o sea en las sociedades del futuro. En síntesis, ser revolucionariamente artístico, proviene del trasfondo de nuestro espíritu creativo y trasciende en esa evolución espiritual que demandan las urgencias intrínsecas de nuestro propio ser.

En este instante me es imprescindible citar a María Zambrano en sus disquisiciones sobre lo divino y lo humano, donde esta alumna de Ortega y Gasset, enarbola un pensamiento estético y crítico de lo constructivamente sagrado y enriquecedor para el alma humana, refiriéndose al momento

---

[56] En términos filosóficos y científicos existen muchas clases de determinismo ligados a las acciones y decisiones del individuo (Doyle, 2011), y no necesariamente asociados al carácter biomolecular del ADN (Koch, 2009). En el campo espiritual o de filosofías orientales, el *karma* puede ser un eventual equivalente de determinismo (Wallace, 2011). En resumen, el arte se desarrolla, el arte nace o vive entre nosotros, y en algunos seres, producir arte tiene connotaciones genéticas incluso *kármicas,* cumpliendo con el adagio coloquial "Y a todas estas hijo mío, ¿de dónde saliste músico?"

de la concepción del poema órfico como algo divino (Zambrano, 1955). Por lo anterior y un poco timorato en mi ser crítico, *a decir de lo que otro ser crítico bien pudiese razonar en un futuro;* podría aventurarme con la siguiente frase lapidaria en el próximo renglón: "el momento creativo, es revolucionariamente divino".

7.1 El creador de hecho, es un revolucionario *per sé*

Cuando el artista es consciente del potencial revolucionario que hay en su cabeza, en sus neuronas y aún más, usa los recursos de sus redes neuronales en forma pragmática, seguramente encuentra un cambio y genera tensiones.

Los próximos párrafos lejos de enarbolar tintes insurrectos y fomentar el cambio, ya están instintivamente generando tensiones. Thomas Kuhn, fue paradigmático y casi sentencioso en el arte de generar tensión con sus escritos sobre el tema:

> *"Como los artistas, los científicos creadores deben ser capaces de vivir, a veces, en un mundo desordenado; en otro lugar, he descrito esta necesidad como "la tensión esencial" (…)*

> *El sólo hecho de enfrentar conscientemente un conjunto de elementos que son científicamente verosímiles y decidir (considerar) aplicarlos, "genera tensión".*[57]

Concebir a la crítica creativa y al arte como generadores y transformadores de cultura, ya es un acto revolucionario. Los diversos abordajes del momento creativo, sus proyecciones, los recursos de perfeccionamiento y técnicas de las que se apropia, más la promoción de los propios retos del artista en muchas áreas de la cultura, son de hecho artilugios de la revolución.

O qué. ¿Es que acaso, el individuo pensante y por tanto evolutivamente crítico, no es un ser en constante revolución? Porque si no es así, estoy listo para cualquier contraargumentación relacionada con este punto.

Una revolución crítica, es sin duda mi conclusión para este escrito. Cuando la academia clásica ensayística demanda saber

---

[57] El texto original que dio origen a dos obras representativas de T. Kuhn, se presentó primeramente en *The Third Conference on the Identification of Scientific Talent (1959).* Fue publicado por la Universidad de Utah en Salt Lake City, pp. 162-74. Kuhn TS, *La tensión esencial,* FCE, 1982. Tr. Agustín Contin.

qué piensa el autor de toda su cavilación, entonces, solo me surgen dos palabras "revolución crítica". Esa, insisto es mi conclusión basado en la función racional de la crítica. Si en algún espacio de la heterocrítica, no se concibe un juicio objetivo para la conclusión: *Revolución critica,* entonces la disyuntiva de la realidad confrontando la estética deja de ser poética.

¡ He ahí el dilema ! Dijo Macbeth disfrazado de un tal Hamlet ...[58] O sea, cuando Shakespeare expresa sus múltiples tragedias, lo hace porque hay en él un potencial creativo, sin ahondar en los muchos análisis de personalidad que se hacen de su obra. Es decir, ontológicamente el poeta de Stratford-Inglaterra es un ser que estéticamente fomenta la creatividad, la trasciende y su obra, continúa a través de los siglos, además de ser congruente con su principio histriónico del ser: *To be, or not to be.*

En esta instancia, otros epítomes o premisas concluyentes brotan como colofón de este escrito "revolucionariamente crítico". Hoy, el ser artístico reclama el oficio de la creatividad y el libre ejercicio de la crítica, en

---

[58] Shakespeare puede inferirse como un ser artístico que revoluciona lo que visionariamente concibe... En otras palabras: "Concebir al ser crítico o no concebirlo... *that's the question"*

todos los campos, incluso en la cultura. Por ello creo necesario insistir en la congruencia de los objetivos planteados en el primer párrafo, donde se infiere que el ser estéticamente crítico, debe implementar un lenguaje propio. Esta apropiación estética asume una conciencia crítica con la esencia revolucionaria del ser artístico, siempre inmerso en una cultura creativa.

Otro corolario identifica al *momentum creativo* del artista, que siempre debe sustentarse estéticamente. Por tanto, un escrito crítico debe ser funcional y recrear sensibilidades experimentalmente estéticas, incluso expresadas bajo un raciocinio objetivo (Función racional). Así pues, innovar crítica y poéticamente es parte del ejercicio continuo del ser artístico — y por supuesto del ser crítico como un ente congruente generador de tensiones—, que promueve contundentemente transformaciones culturales, a medida que el arte evoluciona, y en sí mismo, se revoluciona.

Es correcto que el arte se perfecciona con base en las técnicas de cada artista. Cuando el artista decide modificarse a sí mismo y sus técnicas, no solo innova en su interior, sino que se reinventa. En otras palabras, revoluciona su propio ser artístico, incluso re-creando sus creencias metafísicas y estéticas. El pintor en miles de recursos y pincelada tras pincelada, mezcla cromaticidades y explota las superficies donde plasma nuevas imágenes. El grabador, puede recurrir a modificaciones de sus procesos para obtener nuevos resultados; el maestro impresor puede incluso invocar rayos laser, desarrollar innovadoras técnicas de lasergrafía y llamar la atención del espectador.

El artista innovador recurre a *instalaciones* navegando desde lo primitivo de la textura hasta lo que su imaginación le permite expresar, porque es el alimento de su constante preocupación y utiliza elementos tecnológicos como luz y sonido. El fotógrafo evoluciona del nitrato argéntico, del nostálgico cuarto oscuro y de hacer tendederos de sueños con imágenes en las sombras de su soledad al procesamiento digital de las imágenes, pero no deja de ser contestatario. Como referí en el capítulo cinco, el hacedor de videojuegos, el *video-jockey*, el *disc-jockey* disfrazado de *DJ* futurista, busca perennemente su propia revolución interior, su destino intrínseco y relativamente solitario, esperando adecuar sus tiempos a las necesidades venideras que le exija la tecnología. Sin ir lejos, el escritor apropiándose de recursos de la semántica y sintaxis, evoluciona de escribir a mano, al uso de la computadora. En este tenor, el artista debe ser comprometido y mantener su congruencia respecto al avasallamiento de nuevas tendencias. De hecho, el ser artista en su concepción humana, debe ser consciente de la implícita destrucción que acarrea el continuo mancillar tecnológico, y enfrentarlo a ultranza. La tecnología debe asumirse como una herramienta evolutiva del arte que lo fortalece, para que el artista aprenda a convivir con ella.

La más poderosa tendencia que persigue el *crítico como artista,* parodiando a un Wilde posmoderno, es el hallazgo de nuevas vías para conocer su interior, de disfrutar la construcción universal del revolucionario ser artístico, consciente de su propia esencia crítica. Aquí infiero que tal esencia crítica, debe contener siempre una creatividad innovadora. De igual forma en el arte, el artista tratará constantemente de revolucionarse interiormente en una autocrítica que genere conceptos de crítica objetiva, pero creativamente constructiva. Por ello, la innovación revolucionaria se convierte en el deber preponderante y supremo del ser crítico.

El pensar en nuevas formas de llegar al lector es oficio continuo del escritor. Quien se dedica constantemente a llenar espacios vacíos y convertirlos en arte o incluso en poesía, tiene ese gran deber: el de transformar los escenarios vacuos en cultura. Si el individuo naturalmente pensante, dotado genéticamente de una conciencia que se advierte plena, a medida que transforma cualquier espacio vacío en algo atractivo para los sentidos, alcanza a comprender la magnanimidad de esta transformación constructiva, ya es *in situ,* un revolucionario.

Transformar los escenarios, llámense arena playera con niño jugando, piedra, *tablao,* partitura, cuerpo humano, hoja en blanco, retablo medieval, bastidor, yeso, zapatillas de ballet, instalaciones, celuloide, muros callejeros y móviles de cualquier índole, etc; ¡Son simplemente las armas de la revolución!!

Cuando el artista logre deshacerse de su ego y se enfrente al *sí mismo* de una cultura en constante transformación, hallará el camino de su propia metamorfosis y por ende de las nuevas culturas, teniendo como misión defender al arte en general. Preservar esa re-creación y salvaguardarla del ataque feroz de las tecnologías extirpa-espíritus, es papel del artista críticamente creativo e innovador.

Cuando el hombre logre por fin, sobreponer las artes a la tecnología y asuma que la belleza trasciende a lo fatuo, entonces acariciará las nuevas esperanzas de su ansiada autotransformación. Esas, sin duda, esas serán las armas ineluctables de la esperada revolución creativa.

BIBLIOGRAFÍA

Alatorre, A. *Sor Juana a través de los siglos.* El Colegio de México - El Colegio Nacional – UNAM-México, 2007.

- *Lírica Personal de Sor Juana Inés de la Cruz,* Segunda edición. FCE, México, 2009.

Artaud, A. *Cartas desde Rodez III: El rito del peyotl entre los Tarahumara. 'Carta al Dr. Ferdière'.* En *'Nouveaux Ecrits de Rodez ', Gallimard, 1977.* Tr. Pilar Calvo p., 157. Editorial Fundamentos, Madrid, 1980.

- *Mensajes Revolucionarios.* Editorial Letras Vivas, México, 2006.

Arundel, H. *La Libertad en el Arte,* 1ª edición. Grijalbo, Colección 70, México, 1967.

Benjamin, W. *La obra de arte en la época de su reproductibilidad técnica.* Editorial Itaca, México, 2003.

Berger, J. *Modos de Ver.* Editorial Gustavo Gili, México, 2004.

Blackmore, S.J. *'The Meme Machine',* Oxford, Oxford University Press, Inglaterra, 1999.

Breton, A. *El amor loco.* Alianza Editorial. Madrid, 2000.

Calvo, H, Colombi, B. *Cartas de Lysi. La mecenas de sor Juana Inés de la Cruz en correspondencia inédita.* Editorial Iberoamericana, Madrid, 2015.

Cocteau, J. '*Le Testament d'Orphée, Film'.* Editions Dynamo, París, 1961.

Dawkins, R. *El Gen Egoista.* Salvat Editores. 2da Edición. Barcelona, 2000.

De la Calle, R. *Creatividad y Crítica de Arte. "Recerca-revista de pensament i análisis".* Vol. XVII Num. 5. pp., 22-39. Universitat J.L Castelló, Catalunya-Espanya, 1995.

De la Cruz, J. *Carta de Sor Filotea de la Cruz. Obras completas, IV.* Ed. Alberto G. Salceda. México: Fondo de Cultura Económica, 1995.

Doyle, B (2011). *'Free Will: The Scandal in Philosophy'.* I-Phi Press. pp. 145–146.

Dufrenne, M. *Arte* y *Lenguaje.* Ediciones Teorema. Valencia, España, 1979.

Eco, U. *En busca de la lengua perfecta.* Tr. *'La ricerca della lingua perfetta nella cultura europea'*, Edizione Laterza, Roma-Bari, 1993.

- *Tratado de semiótica general,* Lumen, Barcelona, 1988. Tr. *'Trattato di semiótica genérale',* Bompiani, Milán, 1975.

Foucault, M. *'Les* mots et *les choses',* Gallimard, París, 1966. Tr. *'The Order of Things',* Vintage, N.Y, 1973.

Frazer, J.G. *La rama dorada.* Fondo de Cultura Económica, 8ª Reimpresión. México, 1981. Tr. Elizabeth y Tadeo I. Campuzano. Orig. *The Golden Buch,* 1st *edition,* abreviada por el autor. The Mc Millan Company, NY. 1922.

Hubbard, E.M. & Ramachandran, V.S. (2005) *'Neurocognitive mechanisms of synaesthesia'.* Neuron. 48(3):509-20.

Ishizu, T & Zeki, S. (2013). *'The brain's specialized systems for aesthetic and perceptual judgment'.* Eur J Neurosci. 37(9):1413-20.

Jakobson, R. *Lingüística* y *Poética.* Editorial Cátedra. Madrid, 1981.

Kant, I. *Crítica de la razón pura.* 1ª edición. Colihue clásica, Buenos Aires, Argentina. 2007.

- *Crítica del juicio.* Espasa-Calpe. Madrid, 1999.
- *Lo bello y lo sublime. Fundamentación de la metafísica de las costumbres.* Editorial Tomo, México, 2004.

Kawabata, H. & Zeki, S. (2004) *'Neural correlates of beauty'. J Neurophysiol.* 91(4):1699-1705

Koch, C. '*Free Will, Physics, Biology and the Brain'.* En Murphy N, Ellis G, George; O'Connor T,'*Downward Causation and the Neurobiology of Free Will'.* New York, USA, 2009.

Kuhn, T.S. *La tensión esencial* FCE, México, 1982. *'The Essential Tension: Tradition and Innovation in Scientific Research'.* En: *The Third University of Utah Research Conference on the Identification of Scientific Talent* edited by C. Taylor, Salt Lake City: University of Utah Press, 1959.

LaBerge S. (1985). Lucid dreaming. The Power of Being Awake and Aware in Your Dreams. Los Angeles, LA: Tarcher

Mahadevan, T.M.P (1956), Sarvepalli Radhakrishnan, eds. *History of Philosophy Eastern and Western*, George Allen & Unwin Ltd.

Mahony WK. (1987), "Upanisads", in Jones, Lindsay, MacMillan *Encyclopedia of Religion* (2005), MacMillan.

Martin Diza, C. *Conciencia y realidad. La «Mandukya Upanisad» con las karika de Gaudapada y los comentarios de Śankara.* Editorial Trotta, Madrid,1998

Menna, F, *'Critica della Critica'.* Edit. Feltrinelli. Milán, 1973.

Nietzche, F. *Ecce Homo; cómo se llega a ser lo que se es.* Editorial Losada, Buenos Aires, 2004.

Ortega y Gasset, J. *La deshumanización del arte y otros ensayos de estética.* Alianza Ed., Madrid, 1991.

Osborne C (2004) *'Presocratic Philosophy: A Very Short Introduction'.* Oxford University Press. P. 66-67.

Pérez Blanco, L. *El compromiso estético de Sor Juana Inés de la Cruz a la luz de Carta de Sor Filotea de la Cruz y Respuesta de Sor Juana Inés de la Cruz.* Universidad Complutense, Madrid, 2003.

Pernety D. *Diccionario mito-hermético.* Vedra - Índigo, Barcelona 1993, p., 85.

Popper K. 2006. *La sociedad abierta y sus enemigos.* Paidós Ibérica. Barcelona. 809 p. Colección 'Surcos', Tr. Eduardo Loedel, *The open society and its enemies.* Routledge, 1945.

Ramachandran VS (1999) *'The science of art. A neurological theory of aesthetic experience.'* Journal of Consciousness Studies 6, 6-7.

Reyes, A. *La experiencia literaria ensayos sobre experiencia, exégesis y teoría de la literatura.* Bruguera, Barcelona 1986.

Ritsos, Y. *Piedras, Repeticiones y Barandillas,* Orig; '*Petres, Epanalepseis, Kinklidoma',* Kedros, 1972. En Zambrano Y. *Traduciendo a Yannis Ritsos: Más de 50 años de poemas selectos.* p., 68. Telaraña Editores.

Sábato E. El túnel. Seix Barral, Barelona, 1983.

Scannell, P. *'Benjamin Contextualized: On 'The Work of Art in the Age of Mechanical Reproduction'* *Canonic Texts*, p. 74–89, in Katz et al. (eds.). Polity Press, Cambridge, 2003.

Scheler, M. *El formalismo en la ética y la ética material de los valores*, Ed. Caparrós, Madrid. 2000

Steinbeck J. El Rey Arturo y sus Caballeros. *The acts of King Arthur and his knights*, 1976. Trad: Carlos Gardini. Edhasa, Barcelona, 1979.

Thorndike, L. '*A History of Magic and Experimental Science'*, 8 vols., Columbia UP, Nueva York. 1923-1958.

Tola F & Dragoneti C (2008) *Filosofía de la India. Del Veda al Vedanta. El sistema samkhya.* Sabiduría Perenne. Barcelona: Editorial Kairós, España

Villon, F. *Testamentos (1463);* Literatura Medieval Francesa. Biblioteca Básica Universal 289, Centro Editor de América Latina, 1984.

Virilio, P & Baj, E. *Discurso sobre el horror en el arte.* Casimiro-Libros, Madrid España, 2010.

Wallace, BA (2011) '*A Buddhist View of Free Will: Beyond Determinism and Indeterminism'. Journal of Consciousness Studies*, 18 (3-4): 217-233.

Wilde, O. El *Crítico como Artista,* Edit. Espasa-Calpe. Madrid, 1946. (Edición inglesa de 1890). Reedición en "Jorge Luis Borges, Biblioteca personal" Hyspamérica, Barcelona. (1986).

Zambrano, M. El hombre y lo divino. Fondo de Cultura Económica, México, 2012.

Zambrano, Y. *'Neuroepistemology, What the neurons knowledge tries to tell us'.* Phy Psi K'a Editions. Baltimore, MA-USA. 702 pp., 2012.

- *En Busca del Pensamiento Perdido. Algunas disquisiciones sobre la frenología y la topografía cortical.* NBI editores, México, 2014, a.
- *Artaud y Fromm, Del misantropismo Zen a la locura.* Telaraña Ediciones, México, 2014, b.
- *Cyberghetto, The Dark Side of Social Networks.* ADNeural. Raleigh, NC-USA. 2015, a.
- *Traduciendo a Yannis Ritsos: Más de 50 años de poemas selectos.* Telaraña Ediciones, México, 2015, b.

Zeki S (2001). *'Essays on science and society. Artistic creativity and the brain'. Science* 293 (5527):51-2.

- (1997) *'The Woodhull Lecture: visual art and the visual brain'.* Proceedings of the Royal Institution GB 68: 29-63.
- *'A vision of the Brain'.* Oxford, Blackwell Scientific Publication. Inglaterra, 1993.
- (1969) *'Representation of central visual fields in prestriate cortex of monkey'.* Brain Res. 14:271-291.

FILMOGRAFÍA

Alazraki B. (1962) **Santo contra los Zombis.** Con *Santo*, Armando Silvestre, Irma Serrano. Guion: Antonio Orellana, Benito Alazraki. Prod. Filmadora Panamericana. (México) 85 min.

Badham J (1997) ***Incognito.*** Con Jason Patric, Irene Jakob. Guion: Jordan Katz. Prod. Morgan Creek Productions. (EU) 108 min.

Buñuel L (1934) ***Un Chien Andalou***. Con: Simone Mareuil, Salvador Dalí, Luis Buñuel. Guión: S. Dalí & L. Buñuel. Prod. *Les grands films classiques* (España-Francia) 16 min.

Cabrera S (1996) **Ilona llega con la Lluvia.** Con Margarita Rosa de Francisco, Imanol Arias. Guion; Sergio Cabrera basado en la obra de Álvaro Mutis. Prod. Caracol TV, Emme (Colombia-Italia) 122 min.

Cavani L (1972) ***La pelle,*** (La piel). De Curzio Malaparte. Con Marcelo Mastronianni, Claudia Cardinale, Burt Lancaster. Música: Lalo Schifrin. Prod. Gaumont Pictures, Opera Film Produzione (Italia-Francia) 131 min.

Coen JD & Coen EJ (2008) ***Burn after reading.*** Con George Clooney, Frances McDormand, Brad Pitt, John Malkovich. Prod. Focus Features, Studio Canal (EU-Francia) 96 min.

Cuaron C (2010) ***The Second Bakery Attack.*** Basado en un cuento de Murakami. Con Lucas Akoskin, Kirsten Dunst. Guion: Carlos Cuarón. Prod. Bonita Films, surDreams Productions. (EU-Mex) 10 min.

Curiel F (1972) **Las momias de Guanajuato**. Con *Santo, Blue Demon, Mil Mascaras.* Elsa Cardenas. Guion: Rogelio Agrasánchez. Prod. Películas latinoamericanas, Películas Rodríguez (México) 80 min.

Cocteau J (1933) ***La Sang d'um poéte.*** Con Enrique Rivero, Elizabeth Lee Miller. Guión: Jean Cocteau. Prod. Vicomte de Noailles. (Francia) 55 min.

- ***Orphée.*** (1949) Con Jean Marais, François Périer, Maria Casares. Guion: J Cocteau. Prod. André Paulve, Films du palais royale. (Francia) 95 min.

- ***Le Testament d'Orphée, ou ne me demandez pas pourquoi.*** (1959) Con Françoise Arnoul, Jean Cocteau, Brigitte Bardot, Lucía Bosé, Yul Bryner, Charles Aznavour, Pablo Picasso, Roger Vadim. Guión : Jean Cocteau. Prod. Cinédis, Les editions cinégraphics (Francia) 79 min.

Fons J (1995) **El callejón de los milagros.** Con Salma Hayek, Bruno Bichir, María Rojo, Ernesto Gómez-Cruz. Guion: Vicente Leñero, Basada en la obra homónima de Naguib Mahfouz. Prod. Alameda films Conaculta-IMCINE (México) 140 min.

Forman M (1984) **Amadeus.** Con Tom Hulce, F. Murray Abraham, Elizabeth Berridge. Guion: Peter Schaffer. Prod. AMLF-Saul Saentz Co., Orion Pictures, (EU-Fra) 160 min.

Fosse B (1979) ***All that Jazz.*** Con Roy Scheider, Jessica Lange. Guion: Bob Fosse. Prod. Columbia Pictures - 20th Century Fox. (EU) 123 min.

- **Cabaret.** (1972) Con Liza Minelli, Michael York, Marissa Berenson. Guión: Jay Allen, Joe Masteroff. Prod. Allied Artists, ABC Pictures. (EU) 124 min.

Goretta C (2006) ***L'age des passions.*** Con Denys Podalyde, Ann Alvaro, Maya Sansa. Guion Michel A. Burnier, Michel Contat, Claude Goretta. Prod. Jem Productions, FR2, CRG

International, TV Suisse-Romande. (Francia, Suiza, Italia, Bélgica) 165 min.

Halperin V (1932) ***The White Zombie.*** Con Bela Lugosi, Mage Bellani. Guion: Garret Weston. Prod. Victor & Edward Halperin Prods. United Artists (EU) 69 min.

Harris E (2000) **Pollock.** Con Ed Harris, Marcia Gay Harden, Val Kilmer. Guion: Steven Naireh y Gregory White Smith. Prod. Brant - Allen, Pollock films. (EU) 122 min

Herzog W (1981) **Fitzcarraldo.** Con Klaus Kinsky, Claudia Cardinale, Milton Nascimiento. Guion: Werner Herzog. Prod. Werner Herzog Filmproduktion, Filmverlag der autoren, Wildlife Films Perú (Alemania – Perú) 158 min.

Hung, TA (2010) **Tokio *Blues*,** (*Noruwei No mori*) de Haruki Murakami. Con Ken'Ichi Matsumaya, Rinko Kikuchi. Guion: Tran Ann Hung. Prod. Asmik Ace Entertainment, Dentsu, Fuji TV-Network, Kodansha. (Japón) 133 min.

Ivory J (1996) **Surviving Picasso.** Con Anthony Hopkins, Julianne Moore. Guion: Ruth Prawer. Prod. Merchant Ivory Prods, Warner Bros (EU) 125 min.

Kinski K (1989). **Paganini.** Con Klaus Kinski, Nikolai Kinski. Guion: Klaus Kinski. Prod. Scena films, Retaitalia, Carsten Frank Filmverleih (Italia-Alemania). 81 min.

Kitano T (1993) **Sonatina.** Con Takeshi Kitano, Tetsu Watanabe, Aya Kokumai. Guion: Takeshi Kitano. Prod. Bandai Visual Co. Shouckiku Eiga, Co. (Japón) 94 min.

Korda A (1936) **Rembrandt.** Con Charles Laughton, Gertrude Lawrence. Guión: Carl Zuckmayer. London films productions. (Inglaterra) 85 min.

Kurosawa A (1990) **Sueños.** Con Akira Terao, Martin Scorsesse, Chosuke Ikariya. Guion: Akira Kurosawa. Prod. Akira Kurosawa-USA; Warner Bros (Japón-EU) 119 min.

Le Roy M (1933, 1935, 1937) ***Gold diggers*** **I, II, III**. Dir. Lloyd Bacon, Busby Berkeley. Con Joan Blondell, Warren William, Dick Powell, Ginger Rogers. Guion de Warren Duff. Cinematografía George Barnes. Prod. Warner Bros (EU) 97-101 min.

Marshall R (2002) **Chicago.** Con Renée Zellweger, Catherine Zeta-Jones, Richard Gere. Guion Bill Condon, Bob Fosse. Música: Kander & Ebb, Danny Elfman. Cinematografía: Dion Beebe. Prod. Miramax. (EU-Canadá-Alemania) 113 min.

Nuytten B (1989) **Camille Claudel.** Con Isabel Adjani, Gerard Depardieu. Guion: Bruno Nuytten, Reine-Marie Paris. Prod. Gaumont Pictures, Antenne-2. (Francia) 175 min.

Parker A (1982) **Pink Floyd, *The Wall.*** Con Bob Geldoff. Guion: Roger Waters . Prod. Allan Marshall. MGM (Inglaterra), 95 min.

Pasolini PP (1971) ***Il Decamerón.*** De Giovanni Bocaccio. Con Franco Citti, Angela Luce, Ninetto Davoli. Músic: Ennio Morricone. Prod. PEA Artemis film (Italia-Francia) 112 min.

Romero GA (1968) ***Night of the living dead.*** Con Duane Jones, Judith O'Dea. Guion: John Russo & George Romero. Prod. Image ten, Laurel Group. (EU) 96 min.

Rossellini R (1974) ***Cartesius.*** Con Ugo Cardea, Anne Pouchie, Claude Berthy. Guion : Marcella Mariani, Renzo Rosellini. Prod. Orizzonte 2000, RAI, ORTF (Italia-Francia) 150 min

Scola E (1983) **El baile** (*Le Bal)* Con Étienne Guichard, Régis Bouquet. Guion; Jean Claude Penchenat & E. Scola. Prod. Mass Film, Cinéproduction. (Francia) 109 min.

Stone O (1991) ***The Doors***. Con Val Kilmer, Meg Ryan, Michael Madsen, Billy Idol. Guion: Oliver Stone, Randall Jahson. Prod. Carolco-Tristar Pictures, (EU) 140 min.

Terajama S (1981) **Cien Años de Soledad.** Con Tsutomu Yamazaki, Mayumi Ogawa, Yoshio Harada, Guion: Shuji Terajama basado en Gabriel García Márquez. Prod. Gekidan Himawari, Jinriki Hikôkisha, Art Theatre Guild of Japan. (Japón) 143 min.

Vargas Llosa M & Gutierrez JM (1975) **Don Pantaleón y las Visitadoras.** Con José Sacristán, Katy Jurado, Mario Vargas Llosa. Guion: Mario Vargas Llosa, José M. Gutierrez. Prod. Cinema Dominicana, Cinema International Corporation, CIC. (Rep. Dominicana-EU) 110 min.

Warhol A & Morrisey P (1970) ***Trash.*** Con Joe Dallesandro, Holly Woodlawn. Guion y Cinematografía: Paul Morrisey. Prod. Andy Warhol, Film Factory. (EU) 110 min

Wadleigh M (1970) **Woodstock.** Con Joan Baez, Joe Cocker, Carlos Santana, Jimi Hendrix, Janis Joplin, etc. Prod. Wadleigh Maurice Ltd, Warner Bros. (EU) 184 min.

Webber P (2003) ***La Joven con el arete de perla.*** Basada en la pintura de Jan Vermëër, 1665. Con Scarlett Johanson, Colin Firth. Guion de Olivia Hetreed y Tracy Chevalier. Prod. Lions Gate Films (Reino Unido, Luxemburgo) 100 min.

Zulawski A (1991) ***La note bleue.*** Con Marie France Pisier, Janus Olegniczack, Sophie Marceau. Guion : Andrzej Zulawski. Prod. Oliane Productions, Erato Films, Gemini FilmProduiktion, gmbH (Francia-Alemania) 135 min.

INDICE

www.ingramcontent.com/pod-product-compliance
Ingram Content Group UK Ltd.
Pitfield, Milton Keynes, MK11 3LW, UK
UKHW020126250726
13967UKWH00002B/504